U0111728

大展好書　好書大展
品嘗好書　冠群可期

道宗九宮八卦拳

楊樹藩 著

師父（伯父）楊子君

與徒王寶義練功照

與徒余新偉

徒陳輝教與余新偉

與徒余小華

與徒婁斌（左）、王寶義（右）

徒文雪年（左）與余新偉

龍光士上海劉嘯九天皆形意武術神妙之話也士法韻華而揚奮藩先生著九宮八卦拳譜也

丁亥年夏日光華作

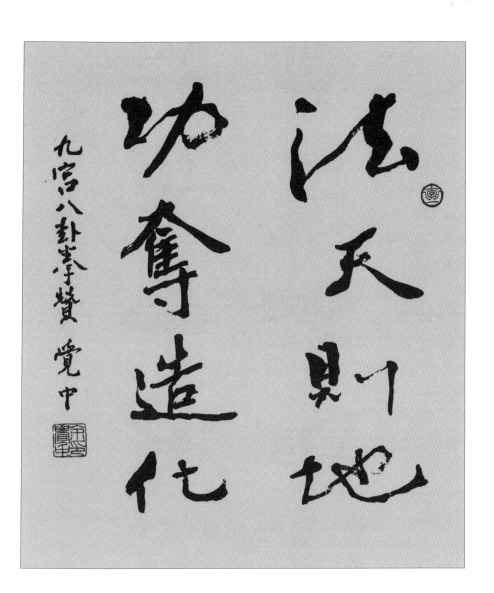

法天則地

功奪造化

九宮八卦掌學贊　覺中

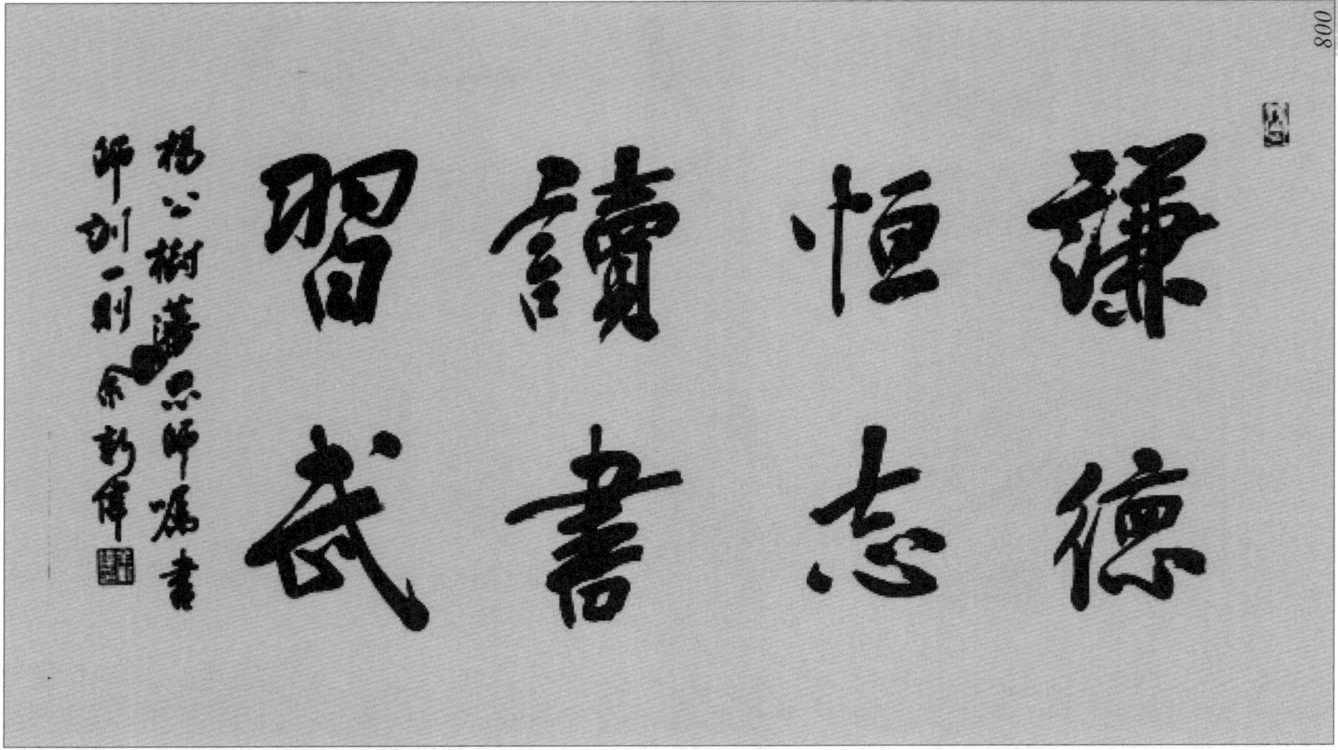
謙德
恆志
讀書
習武

序

師云：拳學乃道家八卦門，武技為八卦帶九宮，常稱九宮八卦拳。

此拳真純簡樸，功法獨到，古傳無文字圖譜，全憑師父身傳口授。

前數代一直在道宗內傳承，到我師時社會變革，又因師家境較優，沒能從道，故此技落在楊家一百多年。

20世紀50年代後期，師父（伯父）令我將家傳功夫整理成文，然而，「文革」期間文稿丟失。

在後來的數年裏，憑自己的回憶，在操練與教學九宮八卦拳的同時，我逐漸理清原傳，用文字規範了全部武技譜訣，並繪製圖形及加配照片，分析研究了拳學與《易經》的關係。

近年又首創了乾坤棒功夫與空星刺譜，且系統地整理了道家秘授養生功法，進一步完善了九宮八卦拳年輕者防身、年老者養生的綜合作用。

懷著感恩先祖先師的心情，獻著當今。書者不敏，望有識之士海涵指正。書內有關知識由馬春梅相助完成，又有徒眾及朋友大力支持，在此表示衷心的感謝！

楊樹藩　於北京

前　言

九宮八卦拳傳承小記

以下是師父（伯父）在1955年春天告訴我的。

師爺姓段，中等身材，臉紅潤，有鬍髯，南方口音。修道者，喜雲遊，聞河北固安、霸州地界人善好施，且武風興盛，故常來往之。

楊家與佛道有緣，並常接待僧人、道人，故段道爺時常到楊家，一是結交朋友，二是存心收徒傳武，因為他看上了這家小少爺。

我師當年十二三歲，段道爺很喜歡孩童，與之玩耍時教些小拳，見其聰敏好學，有意收在身邊。過了近半年，段道爺向家長開口：讓這孩子跟我吧。師父家人並不介意。

在以後的三年多時間裏，段道爺大約每年春、秋來此住上兩個月教師父武技。那時的師父精神得很，個子長得又高，特別是武功方面，在段道爺精心傳授下，八卦門拳技已然體用在身。

我師家有裱糊、漆畫手藝，家境中等，沒捨得讓孩子從道。雖然段道爺沒能帶走愛徒，但是，在後來的幾年裏，還時常來家教授功夫。

　　段道爺當時年近七旬，身手、精力不一般，彷彿五十來歲的人。精拳學、劍學，隨身佩帶寶劍，雲包內藏獨門兵刃空星棒。

　　段道爺之拳技學自何方、師承何人，在20世紀50年代，因恐出事，我師有意隱去。但是，九宮八卦拳是道傳武技，已然說得很清楚，並說師輩均晚年授徒。

　　段道爺雲遊四方到過何處，教過多少徒弟不詳，師說，當年八卦拳師雲集此地，但傳承有別。因有晚輩忌諱問長輩大名字號的規矩，又因當年風氣的影響，終不得知段道爺名號，令後輩倍感遺憾！

　　我有緣拜師時也是正當年少，當時好奇地問過師父，您的師爺也是老道吧？師父聽後笑而不語。後來，師父講明武學傳承，前數代確在道門內秘授，後語按下沒能告訴我，只為當年大環境使然。但此功夫傳到民間，我師父是民間傳承第一人。

　　師名楊子君，生於1894年，年輕時不操家藝，喜武技，練道傳九宮八卦拳，習過大、小洪拳等功夫。常交友訪技，後來遊走江湖以殺富濟貧為樂事。

　　聽師說，凡到朋友家中見面，皆輕來輕去，從不打擾別人。進院是投石問路，然後撩衫躍入。對方應聲屋內支窗。只倒茶功夫，已然挑扇兒進屋就座，並接杯而飲之。與友談武切磋，功夫涉及太極、心意（形意）、八卦、通臂等拳學。

　　民國年間，師年輕力壯，身背二龍戲珠單刀，腰挎「盒子炮」，拉過隊伍。抗戰期間，打日本鬼子，追殺漢奸。後

來被國民黨軍隊收編過，時任某部團長，但時間不長。

因其不願受命與八路軍對陣而抗拒軍令，最後離開軍隊隱身務農……

中華人民共和國成立之後，師瞞了年齡到鐵路系統參加工作，供職於北京某企業，人緣極好。雖然有人知道他武技高超，會躥房越脊、飛檐走壁，但是他常常遮掩，也不收徒。

我少年時喜武術，托人求學，正好鄰居一老者與師交往甚密，以言語激他，說有一姓楊的武家，功夫不在你之下，並告訴了他練功的秘密地點。

時過數日，他這才在夜晚的昏暗中觀我練武。過了月餘，鄰居老者和我轉述說：「老頭兒看了你的拳技，並說功夫很好！我一高興說禿嚕了，告訴他：人家拳腳好，功課還好哪！這時他說：『怎麼還是個孩子呐，那我得見見』，接著又說，『哪天讓這學生來我家！』」

似乎是心有靈犀，當我來到老人家中，立在他面前時，他雙手撫摸我肩膀，定睛凝神。二老數秒不語。而後師面顯笑容，突然開口：「我收你為徒！」我迅即退後跪下叩頭，口喊：「師父！」師說，這是緣分，都是楊姓，讓我叫他大爺（伯父）。從此，我就叫二老大爺、大媽。師喜歡我，視我如子，後來師母告知家中隱情，我才了解二老生活之不易，但此事他們對外人從不言語，從此我孝敬他們如父母。

學拳開始了，說練八卦拳。但是，好長一段時間光是踢腿抻筋了，師天天盯著我，學習轉掌更是緊盯。及至半年，加了一趟小綿掌，我很高興。師見我練得起勁，跟我說：

「咱這是家傳工夫，我全數教你！」我想八卦拳是不是有八趟呐，下工夫練吧！

記得在學練「纏身刀」時，我師異常興奮，說喜歡操刀，當年用刀削小鬼子，只一刀就讓他腦袋搬家，要是遇見漢奸，刀起頭落！

師準備把他的二龍戲珠寶刀傳給我，無奈此刀在20世紀50年代後期給毀了，無影無蹤，遺憾之極啊！

拳學中的一個「探爪」，我轉了三四年。我師緊盯，助長了我的練功毅力。隨著時日的增加，「轉功」的確使我身體靈活，足下有根。在與朋友戲鬥時，人家出手我能自然躲避，我沒有學什麼「進著」，也不會下手，雖然不出拳腳，但無論身體何處觸到對方，都能使其摔出。師得知此事後，評我練功得法，功夫已然在身。後來，師又傳「盤飛」拳法。記得在一次轉掌時，師突喊倒轉！我隨之停下說：「沒練過。」我當時真是琢磨不透！

接著，師口傳身授此功，我這才知道有秘法。

學拳十餘年，轉掌只有二法，拳訣中有解：懂陰陽生成，得乾坤拳技。凡操手、拳路都依此變化，可謂「八卦拳打不完，悟化育轉連環」。家傳武技隨年增進，拳學心法銘記在心。

20世紀60年代初師退休，60年代中後期突發「文革」，災難來臨！幾乎是一夜間，找不到師了。我傷心不已，工餘只是抻抻筋骨，數年下來功夫幾近荒疏。

特殊時期，武學傳承不易！20世紀50年代中華人民共和國剛剛成立，一切「舊」的東西，人們不敢輕易上口，更

不敢顯示，何況八卦拳！要是誰把你拉到「會道門」就危險了。回想本門拳學是道傳武技，其功屬派系源頭師父內心自然清晰，只是不敢開口，我雖年少也是明白的。

而後的20世紀六七十年代，「運動」不斷，特別是「文革」時期。道傳武技，功夫單傳不足為怪，我有幸得家傳並遵師傳承，在80年代之後，雖常有登門求學之人或武者造訪，但我不輕易收徒，只列為學生或學員。

師父與我有緣，師父思子愛子之慈心傾注我身，收我為徒正應「師輩晚年授徒」之規矩。還記得50年代後期，我跟師父說，我教了同學練拳。師隨即訓誡我：「你還想教人，你到60歲還差不多！」這說明傳承的規矩很嚴格。

師父還透露了道門武技傳承的隱秘。前來拜師者，師父要考驗兩年，有引薦者年份可短些，但必須有頂門立戶、光大門庭、正大光明、尊師愛友、繼承師傳之德，才可拜師遞帖。如是師乃放心，竭誠相授武技與武學。

亦有仰慕師父之人聞名前來學習武技或應時健身方法，師視其心力酌情教學，相互稱呼隨意。

原傳道門武技，歷代收徒均為二人，師不在道門，且年代不同，師與我有緣才獨收我為徒。使此技得以在民間傳承。

傳學意識隨社會變化，我已超越收徒之規，早期有北京王寶義，後收江蘇無錫余新偉、廣東佛山陳輝教、北京余小華、北京婁斌、北京釋昌輪（文雪年）為徒。北京釋昌輪（文雪年）為佛家人，來往較少。

再傳較多，北京王寶義傳徒：王一丁、蘇勝陽、鄭澤

華、李敬元（女）、李隆基、張昊喆。

北京婁斌傳徒：陳家盈、劉慶、曾文揚、張乃琛、鄭亦斌、黃悅、黃星富、張偉、李向東（女）；吳佑禎、吳炎臻、陳家弘；呂定杰、張金寶、賈鯤；蔡永敬（女）；李雲海、汪楠、孫晨。

徒分布：北京、山東、廣西、黑龍江、江西、河北、台灣。

隨我從學多年之學生較優者有北京中醫劉路遙，還有勤學者多人。

楊樹藩於北京

目　錄

第 一 章

武學文化

譜訣要旨

　　拜師入門，須先由師父考驗數月，或者須友人引薦方可，徒者叩禮並遞上拜師帖雙冊，由師、徒簽字、蓋章生效，各存一冊。

　　最後，徒奉銀百元，以志「百緣」，此吉利也。

師 訓

謙　恭禮尊讓，和言生益。

德　仁義寬厚，忠誠善良。

恆　剛柔相濟，持久道長。

志　主心成事，鴻圖有為。

讀　湧閱識辨，去偽存真。

書　藏珍納寶，孕育智勇。

習　神韻鶴舞，修身煉用。

武　操拳會友，傳承技藝。

譜於戊子年三月十六日（2008 年 4 月 21 日）

●練用譜訣

　　師父傳技，並授意我將古技譜就。為了便於傳承並提升武學文化，我用心添譜，使譜訣與功夫相合。當年師父看過並加以肯定。

　　在後來的數年裏，我透過教學又不斷完善該譜，新的譜訣為順口編排，學習者只要按本門功夫順序學練，就能悟到真傳。

- 八卦拳打不完，悟化育轉連環。
- 踢腿抻筋樁功先，轉圈操手經常練，拆著變式成套路，秘授真功有緣傳。
- 一思起，百骸動，龍形蛇體法自生。
  肘向地，軸身旋，前掌探爪口鼻間。
  雲趕月，勢追風，轉腰帶腿弧步成。
  九宮令，周身拳，攻防技藝剛柔現。
- 軸動身起轉八方，七星相助攻有防，十字技戰進中門，勁勢齊發難抵擋。
- 汝橫吾豎，進著不慌。
- 心著月：心暇神安，氣順胸空，呼吸有法，丹田存真。生聰敏，有隨機應變預察機宜之能。
  臂落月：肩鬆臂曲，肘自然沉垂，筋骨伸縮自如。從而力富、力厚、力湊，勁勢連綿不斷。

掌含月：手指圈五雷聚，剛柔隨心，有透穴封脈抓筋
　　　　剔骨之功。

腿弓月：弓中有直，每見鵾燕之精靈，氣力鼓盪周
　　　　身。膝挺腰撐，著數起落舒展應勢。

足扣月：椿步力純，落地生根。能把握進退分寸，且
　　　　有占位奪陣之能。

- 道門盤技歌：天盤鬆，地盤定，人盤控。人盤一擰
　　　　　　　動，地盤盪旋行，天盤雷雨風。

- 懂陰陽生成，得乾坤拳技。

●九宮八卦拳總歌

順項提頂	沉肘鬆肩	舌自抵齶	心息自然
頂膝隨踵	縮身背圓	塌腰活胯	擰轉行盤
腰脊為軸	搖閃滾翻	足趾抓地	手心空含
爭裹旋鑽	滑貼捲舔	踢趟掃掛	推削掖穿
銼蹶蹬踏	劈抱撞彈	占中奪位	巧進破線
陰陽得法	氣運丹田	九宮變換	八卦連環

學拳識易

　　道宗九宮八卦拳，近代在民間傳承，屬內功拳，拳學富含陰陽變化之易理。今科學論述，讓學者明瞭要義，以便練功習拳。

　　有關太極、八卦、河圖、洛書，古籍專著眾多，內容中均有伏羲「近取諸身，遠取諸物，於是始作八卦」之說；又有「河出圖，洛出書，聖人則之」等說法。

　　從古人留下來的豐富圖像以及口耳相承、廣為流傳的瑰麗內容來看，它展示了我國古代先賢的智慧與偉大創舉。就圖像而言，它是建立在古天文學、古氣象學以及相關地理知識的基礎之上的，經過數代的發展，被應用在諸多領域。

　　我們還是看圖說話，按著太極、八卦、河圖、洛書的書面順序一一寫來，不涉及學術爭論，為的是從中了解學習易學的基本知識。

●太極境界

　　兩條圓抱並相吻的「陰陽魚」圖形，人們習慣叫它太極圖，實際上它是由陰陽變生的八卦構成的。古人云：「易有太極，是生兩儀，

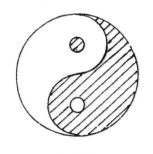

太極圖

兩儀生四象，四象生八卦」。

（太極圖）

混沌示意圖

這個圓而中空的圖，古人稱之為混沌（ㄏㄨㄣˊ ㄉㄨㄣˊ），中間是空的表象，就是人們想像的「無」，也就是講：地球上人類沒有出現以前的狀況。所謂混沌示意圖，表示的是一個無端無始且循環不已、含靜育動的狀態。實際上是指地球和其他宇宙間天體不停地互相繞轉的運動狀況。

同時，它也象徵著在空間上無邊無際、在時間上無始無終的宇宙。（混沌示意圖）

這個圓在不斷地運動和變化，逐漸形成了具有一定大小和形狀的星球。如地球；它經過四十六億年的演化，逐漸演化出生命的原始物質（微小物質），人們想像它們從圓心孕育而出，最後人類出現並在地球上生存。這就是由無生有的太極境界。

這裏簡單說說地球上生物的出現。首先是植物，植物的光合作用製造出氧氣，它改造了大氣層，之後才有動物出現。當時最早的動物是單細胞的，生活在水中，這是因為還未形成臭氧層。經過不斷的進化，一些動物從水中爬到陸地上。這說明臭氧層形成了，它大量地吸收紫外線，從而使動物體不再受到紫外線的傷害。在若干億年之後，人類出現並在地球上生存。

●八卦生成

1. 兩儀含義

古人最初認識大自然，觀察到的是日、月、星、水、火、雷、雨、風等自然現象，並見到每天有日出日落和月現月沒的現象，以及寒來暑往的時光轉換。這是因為日、月離地球最近，看得最清楚，影響也最大。（兩儀1圖、兩儀2圖）

慢慢地從觀察到了解，人們知道了這些天然物象的相互作用和變化規律，以及對人類的影響，這時，古天文學產生。

古人巧妙地把寓意太極的圓畫分為陰陽兩部分，以此來表示白天黑夜或暑熱寒冷，這就是感性認識。

這裏畫有四幅不同的陰陽圖形。我國漢字的「易」字正如其圖，從日為陽，從月為陰，而易經的起源就是研究日、月運行規律。

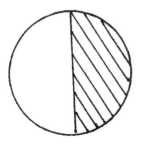

兩儀1圖

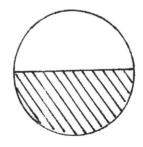

兩儀2圖

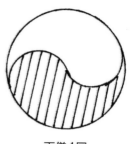

兩儀3圖　　　　　　　　　　　　　　兩儀4圖

　　從圖形的形狀來看，「陽」所處的位置，兩個圖畫在左側（兩儀1圖、兩儀3圖），兩個圖畫在上面（兩儀2圖、兩儀4圖），這其中兩個圖的中線畫成彎曲的（兩儀3圖、兩儀4圖）。表示一年中晝夜長短和氣溫高低逐漸變化的現象。

　　我國古人大多生活在黃河流域及中原地區，也就是現代地理的北回歸線以北的北溫帶地區，這裏氣候適宜，四季分明。

　　人們每天見到太陽升起掛在天上，且太陽最高的時刻都位於當地的正南天空，所以古人當時以太陽作為確定方向的依據，定為上南下北。左東為陽，表示太陽升起（晝），右西為陰，表示太陽落下（夜）。

　　這種方向定位現在人們還在沿用，如建造房屋多坐北朝南，練功的站樁和打拳都是面向南方或者東方，連植物都是向陽而旺盛地生長著，很顯然是為了更多地獲得太陽的光和熱。

　　上面的四幅兩儀圖形，賦予了天在上、地在下、中間曲線為人的意境。

前面畫出了一分為二的具有陰陽的兩儀圖（平面圖），圖形中間的線條也可理解為白晝和黑夜的分界線，即現代地理學講的晨昏線（晨昏線圖），它表示夜半球和晝半球，如同古人畫的陰陽圖像。晨昏線成曲線形狀是表示某地（黃河中下游地區）晝夜長短的周年變化現象。

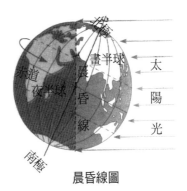

晨昏線圖

2. 四象八卦

將前面兩個中線為直線的圖形套畫成這樣的新

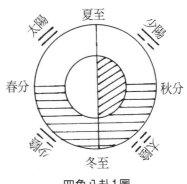

四象八卦1圖

圖（四象八卦1圖），就是以氣溫的周年變化來表示四季。

需要說明的是，我國古人是以地球為中心的，認為太陽和月亮圍繞著地球轉，根據太陽在天空中的周年變化規律，還有一年中春夏秋冬四季的變化，總結出這個陰陽圖。

按陰陽生變之理，又配畫了一方圖。這樣就有了兩個關聯的四象圖形（四象八卦2圖）。

圓圖上用符號「━」表示陽，符號「╍」表示陰，以

太陰	少陽	少陰	太陽
陰		陽	
太		極	

四象八卦2圖

兩爻的形式表現出少陰、太陽、少陽、太陰。看的方法是從內向外看，看方圖要從下向上看。可以看到，它們所組成的陰陽多少是對應的，一分為二的表現很清晰。

我們把圖形再加一層（四象八卦3圖），新的方圖一分為二，層層清晰，先天八卦自然生成。方圖從下向上看，每上一層都是成倍數增長，而且總是陰陽成對地生成（二進制）。看方圖從兩邊向中心，左右每段卦象的陰陽是對應的。

坤	艮	坎	巽	震	離	兌	乾
太陰		少陽		少陰		太陽	
陰				陽			
太				極			

四象八卦3圖

下面看看方圖的變化：

陰卦翻轉下沉，太極隱為交角點。

將上圖逆時針豎起，陽卦在上，陰卦在下，準備圈圓。

形成了先天八卦圓圖，隱為太極的交角點成了圓心點。

圓圖是三環套疊的，以陰陽對角相應的形式出現，它從內向外畫三爻成卦（先天八卦圓圖）。方圖和圓圖的卦

象是一樣的，只是表示的方式不同而已。

看圓圖，結合方圖看，從「陽」形成的乾、兌、離、震四卦為逆時針排列，震至巽卦直線相連，從巽卦起則順時針走向，為「陰」的部分，順序是巽、坎、艮、坤四卦，陰陽卦序正好形成一個「S」線（陰陽卦序S線圖）。

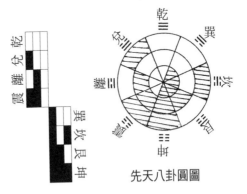

先天八卦圓圖

圓的中心點是太極。

所謂天圓地方，是觀察天文的一種方法，因為天體是運動不息的，故而曰圓，而方則是以地平面之固定不移為對照標準。古人以天地定位畫就的先天八卦圖，仍然是以體現氣候變化為目的，陰陽消長就表示氣溫變化和晝夜長短的變化。

陰陽卦序S線圖

它有四正四隅之方向，是為了生產和生活的需要。

因為先天八卦是由陰陽變生的，所以它的屬性和動的形式應該是：乾屬陽為天，主動；坤屬陰謂地，主靜；離屬火，主急；坎屬水，主緩；震屬雷，主剛；兌屬澤，主

八卦配八節氣圖

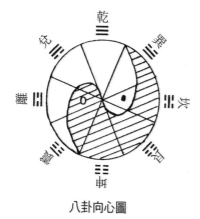

八卦向心圖

柔；巽屬風，主外；艮屬山，主內。圓圖的中心點意為九宮（中宮），象徵無極、太極。

這個圓圖外還標出了一年中的八個主要節氣——立春、春分、立夏、夏至、立秋、秋分、立冬、冬至，將氣溫升降自然地分配在圓圖上（八卦配八節氣圖），顯示了寒來暑往的氣候現象，而且寒暑之間的氣溫變化都是漸變的，由立春到夏至是白晝（陽）從短變到最長，由立秋到冬至是白晝從長變到最短，黑夜（陰）的變化與白晝的變化相反。它有時序、有空間方位的概念與古人所畫的以天地定位的先天八卦圖一樣，說明先天八卦源於自然又高於自然。

將上面的先天八卦圓圖分割成八份，中心展為外圈，外圈翻向中心，並以平滑曲線勾畫出陰陽分界線，就出現了一個新圖，讀者可清晰辨認出畫卦符號和文字，變成了從外向內看的形式。（八卦向心圖）

這樣大家就清楚了被稱為太極的簡樸圖形，是由八卦

變化而來的。它是陰陽的統一體，即對立統一。

再以圖案畫的形式畫出標準的彎曲漸變頭尾交接的陰陽魚圖形，並使陽中有陰的「離」卦在上，陰中有陽的「坎」卦在下，就更加完美了。（太極圖）

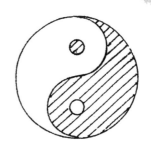

太極圖

需要指出的是，我們畫太極圖，一定要按照這個圖形所示的陰陽來做，並且還要注意「陰陽魚」的大小頭，因為這是古人的思維，所示方向應是上南、下北、左東、右西。先天八卦圖是根本，現實意義深長。

按太極成圖的理念，那麼全球太極圖總共有三種情況。中國在北半球，絕大部分地處北回歸線以北地區，北半球有晝夜長短的年變化。大部分地區中午時分太陽在南方天空。古人確定方向是上南下北，左東右西。（北半球太極圖）

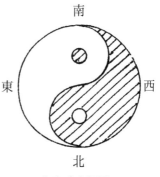

北半球太極圖

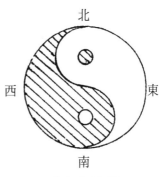

南半球太極圖

南半球也有晝夜長短的年變化。大部分地區中午時分太陽在北方天空。南半球確定方向是上北下南，左西右東。（南半球太極圖）

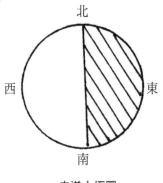

赤道太極圖

赤道上是全年晝夜平分。沒有晝夜長短的年變化，方位同南半球。方向是上北下南，左西右東。（赤道太極圖）

近代由於科技的發展，發現地球是個球體，有北極和南極，又制定了地球的平面坐標系統——經線和經度、緯線和緯度，根據這些確定方向，就是上北下南，左西右東，看起來和中國古人（明代前）定的圖向相反，但所指方位是一致的。

現代制定的春、夏、秋、冬是根據：太陽是恆星，地球這顆行星自西向東自轉的同時，還要圍繞太陽自西向東公轉。因存在黃赤交角（23°26'）（黃赤交角圖），晝夜的長短和正午太陽高度角在一年中是有規律地變化的，從而使每個地方在一年中得到太陽光熱的多少也在有規律地變化。如夏至晝最長，冬至夜最長，春分和秋分晝夜平分。

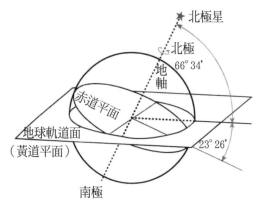

黃赤交角

●後天八卦

1. 五行概念

河圖的四側及中央，此五方為五行星所在之位，是古天象圖。這裏的五行就是指人們能夠看到的圍繞太陽運動的五顆行星。

太陽是距離地球最近的一顆恆星，它是由熾熱的氣體組成並能自己發光的球狀天體，其主要化學組成是氫和氦，由四個氫原子核聚變為一個氦原子核，同時釋放出巨大的能量，並向外輻射。

行星是指圍繞恆星運動的天體，自己不能發光，我們看到的行星的亮光，都是它反射的其他天體的光。

圍繞太陽運動的有八大行星，離太陽由近及遠的次序是：水星、金星、地球、火星、木星、土星、天王星、海王星，其中我們能夠看到的只有水星、金星、火星、木星、土星，所以古人以這五顆行星在天空中出現的方位，定為河圖、洛書中的四正方與中央之方位。

用五行的概念對應到地球上，是指自然形成的並為人類所利用的五類自然資源，五行以此為用，並用不同質的金、木、水、火、土來表示，它的排列方式有三種：

按地理環境的概念（*以人類為中心的周圍的境況*）排列為：木、火、土、金、水，以生物為先，人是第一要素。

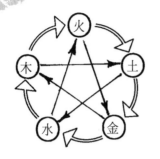

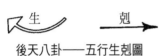

後天八卦——五行生剋圖

按自然界的演化規律排列為：火、土、金、水、木。以火為先，萬物生長離不開太陽。

按後天八卦順序排列為：金、水、木、火、土。後天八卦順序亦為按五行相生排列。

古人的五行學說，具有樸素的唯物主義觀點。古人觀察自然，把天上的五顆行星與地球上的五大自然資源相聯繫，根據五大自然資源之間的相互制約關係，將八卦之間的相對穩定和平衡的關係，歸納為「生與剋」。（後天八卦—五行生剋圖）

用現代科學解釋五行，它代表了地球上的五大資源：金代表礦產資源（主要指金屬礦產），水代表水資源，木代表生物資源，火代表氣候資源（主要指太陽熱能），土代表土地資源。它們之間是相互聯繫、相互制約、相互影響的。它準確形象地反映了事物的生與被生、剋與被剋的相互關係，這就是哲學中的對立統一。

下面依次解釋五行相生的原理。

金生水：太陽系中，地球是環繞太陽運行的一顆行星，有46億年的演化史，原來地球上沒有水，由於原始地球體積收縮和內部放射性元素（礦產資源）衰變產生熱量，使地球內部溫度逐漸升高，並不斷產生水汽，這些水汽經由火山活動等形式逸出地表，逐漸冷卻、凝結形成水。匯聚到地表低窪地帶，形成了原始的海洋。同時，地

下的岩漿活動析出多種礦產，其中氫氧結合形成岩漿水。地表的水受太陽熱能作用，由液態蒸發為氣態進入大氣，大氣中的水汽遇冷又凝結為液態（雨）或固態（雪、雹）降到地表，形成了水的三態變化。

水生木：由於地球與太陽的距離適中，所以有適於地球表面生命活動和發展的溫度條件，且適合液態水存在，地球上最初的單細胞生命就出現在海洋中。地表生物的出現，首先是植物，植物的光合作用製造出氧氣，改造了大氣圈，之後才有動物出現，這是因為臭氧層形成了。臭氧層可以吸收大量的紫外線，使動物不受其傷害，後來，動物從水中爬到陸地上生活繁衍，最後出現了人類。

木生火：生物在其新陳代謝過程中，把太陽能轉換為化學能儲存在體內，因此，在燃燒生物體或者由生物體經過漫長而複雜的物理和化學變化形成的煤和石油時，化學能又轉換為熱能，即原來的太陽熱能。

火生土：地球的內外力作用形成了各種岩石，堅硬的岩石經過地殼運動，從地下出露地表，首先受太陽熱能作用，熱脹冷縮發生崩解，由大塊變小塊，小塊變沙子，沙子變黏土，再加其他外力作用，使岩石風化形成土壤。

土生金：岩石是成土母質，礦產資源是在岩石形成過程中，有用元素富集而形成，且須達到生產、生活利用要求。礦產多埋藏在地下及山脈岩石中。

五行相剋——

金剋木：在一般情況下，多指金屬製工具，其硬度大於木類，可以切割屬木之物。

木植土：植物紮根土壤中，吸收其中的營養物質。

土堵水：常說的「水來土擋」。

水滅火：用水熄滅常規之火。

火煉金：在高溫中火可以熔煉金屬。

五行在失調狀態下，相生、相剋及生剋制化關係在異常狀態下發生了變化，於是就產生了母子相及、相乘和相侮（ㄨˇ）關係。

（1）**母子相及**：是五行之間正常的相生關係遭到破壞後所產生的異常變化。

如：金生水，肺五行屬金，腎屬水，肺有病會影響到腎，此屬母及於子，這叫母病子愁。而腎有病對肺不利，此屬子及於母，這叫子病母憂。

（2）**相乘**：是指相剋太過，順序和方向與相剋一致。

如：木剋土，木處於正常水平而土不足時，兩者失去了原來的平衡狀態，則木乘土之虛而剋之。或者，土本身處於正常水平，但由於木過度亢盛，出現了木亢乘土的現象。

（3）**相侮**：是指反向的相剋，又叫「反剋」或者「反侮」。其順序和方向與相剋相反。

如：金、木兩行，斧子劈堅硬的木頭，木頭沒有發生什麼變化，反而斧子鏽了刃口。

據五行的類屬關係，將自然界的事物與人體之間相互感應、息息相通的內在聯繫列圖（五行類屬關係圖）以示。

自 然 界					五	人 體				
五色	五味	五氣	五季	五方	行	五臟	五腑	五體	五官	五志
青	酸	風	春	東	木	肝	膽	筋	目	怒
赤	苦	暑	夏	南	火	心	小腸	脈	舌	喜
黃	甘	濕	長夏	中	土	脾	胃	肉	口	思
白	辛	燥	秋	西	金	肺	大腸	皮	鼻	憂
黑	鹹	寒	冬	北	水	腎	膀胱	骨	耳	恐

五行類屬關係圖

2. 八卦五行圖

用五行相生相剋理論來說明陰陽的生化功能，因此推出了後天八卦圖，即變先天之體為後天之用，將「對待之易」推導為「流行之易」。後天八卦圖與五行對應，則為八卦五行圖。

它順應自然環行，從東方震卦起，至艮卦而靜（震、巽、離、坤、兌、乾、坎、艮）。

離火為陽，上升為天用，象徵炎熱在南方。

坎水為陰，下降為地用，象徵寒冷在北方，這兩卦乃陰陽之性命，為陰陽相交之盛期，所以配畫在子午線上。象徵太陽在天空（上），水在地裏（下）。（八卦五行圖）

八卦五行圖

震為東方，陽氣剛升是朝陽初生的地方，此時在一定條件下，大氣的運動以及雲層的水（小水滴、小冰晶）互相摩擦所形成的大量的正負電荷就會造成閃電和打雷。

兌為西方，雖然有一陰在上，但此時正是秋收豐盛之節，五行是金，所以說夕陽無限好。

巽在東南方，時值春夏，這時的氣候會有東南風出現，故稱此地為風的門戶。

艮在東北方，近坎水，有陽出水而成山，這就是地殼運動升高的結果，即海陸變遷，滄海桑田。

後天八卦把象徵天地的陰陽之根本乾、坤移到了西側，偏位獨地不交。乾卦陽金近水排在了西北，正是周代崛起的地方，坤卦陰土落在西南而近火，意味著萬物生長茂盛。因此，人們習慣將後天八卦，按乾、坎、艮、震、巽、離、坤、兌的順序排列（周文王所為）。圖形所成，與生物的生長發育吻合，一是太陽提供的光、熱資源，二是液態水。

3. 河圖洛書

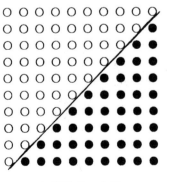

河圖洛書示意圖

人們認識事物都是由感性認識上升到理性認識，河圖洛書是用數的方式表示陰陽消長的規律，就是把《易經》的相對感性的認識上升到更為理性的認識，可稱為數理之祖。

請看我國古人畫布的 10×10 的行列方陣，所得數之和 100 定

為天地全數。

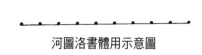

河圖洛書體用示意圖

圖示是用斜線從中分界，使之成為兩部分，這樣，就有了河圖數55（白點），洛書數45（黑點），如圖所示。（河圖洛書示意圖）

單純來看，此圖的橫、縱邊都是十個點，若把十個點相連畫一直線，此時就顯示了十點九位的一直線圖，從而形象地表示了河圖以生為體，點數為1～10，洛書以剋為用，即兩數之間的實段，是從1～9的形式。（河圖洛書體用示意圖）

下面的河圖和洛書圖形，從其方位及數字的配置來看，表明了陰陽及五行的規範。

河圖，把一至十的十個數排成圓形，其中把天地數中一、二、三、四、五分別代表：水（北）、火（南）、木（東）、金（西）、土（中）五行及五個方位。

一至五為孤陽、孤陰，不起變化，所以叫生數。

五行非土不成，自五加一始能起生化作用。

歌曰：

天一生水，地六成之；

地二生火，天七成之；

天三生木，地八成之；

地四生金，天九成之；

天五生土，地十成之。

一六在北，二七居南，三八居東，四九居西，五十居中。

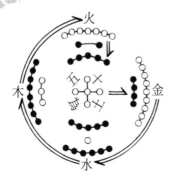

河圖圓圖配五行圖

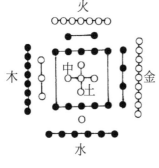

河圖方圖配五行圖

六、七、八、九、十為五行的成數。

河圖為體，數有生、成，圖有箭頭指旋，為五行相生，所謂土生萬物就是以中央太極之氣數來獲得生機。（河圖圓圖配五行圖）

河圖就是星圖，是人在地上觀看天上的五顆行星，有空間方位和時間的概念。水星（一陽）、火星（二陰）、木星（三陽）、金星（四陰）、土星（中五陽），其定義如下（河圖方圖配五行圖）。

（1）**水星**。農曆十一月冬至前，此星見於北方，正值冬氣交令時節，萬物蟄伏，地面只見冰雪和水，這就是水星的概念。因農曆十一月、六月黃昏時可見，故曰一六合水，或天一生水，地六成之。

（2）**火星**。農曆七月夏至後，此星見於南方，這時正當夏氣交令，地面一片炎熱，這就是火星的概念。因農曆二月、七月黃昏時可見，故曰二七合火，或地二生火，天七成之。

（3）**木星**。農曆三月春分，此星見於東方，這時為春氣交令，草木萌芽生長，以此現象定為木星的概念。因

農曆三月、八月黃昏時可見，故曰三八合木，或天三生木，地八成之。

（4）**金星**。農曆九月秋分，此星見於西方，時值殺伐之氣當令，萬物老成雕謝，這就是金星的概念。因農曆四月、九月黃昏時可見，故曰四九合金，或地四生金，天九成之。

（5）**土星**。時值長夏，此星見於中天，濕土之氣當令，而木火金水四星皆以此為中點，且四時氣候的變化皆是從地面上觀測出來的，故定義為土星。因農曆五月、十月黃昏時可見，故曰天五生土，地十成之。

每星各行72天，五星轉周天360°為一年。洛書，它是以四正五方排列的，兩數間陰陽相鄰。（洛書配五行圖）

洛書為用，實數為九，五位中央，有太極之意，餘者周布八方。按照四正為奇（陽）的縱橫向排列，四隅為偶（陰）的斜角排列，形成了一個方位圖。

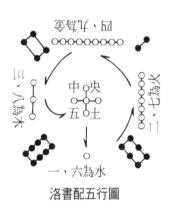

洛書配五行圖

它的排列無論縱、橫、斜哪個方向三個數字之和均為15，而且每個方向上各數之平方和依然可以相等。

圖中實線箭頭表示五行相剋。

如果，九宮圖按三階行列式的方法計算，可以得到周天數360，它表現了陰陽相配平衡、五行和諧的關係。（九宮數及代碼圖）

4 （a1）	9 （b1）	2 （c1）
3 （a2）	5 （b2）	7 （c2）
8 （a3）	1 （b1）	6 （c1）

九宮數及代碼圖

請看下面的圖表。

三階行列式：

a1b2c3＋a2b3c1＋a3b1c2－a1b3c2－a2b1c3－a3b2c1＝

數字代入：

$4 \times 5 \times 6 + 3 \times 1 \times 2 + 8 \times 9 \times 7 - 4 \times 1 \times 7 - 3 \times 9 \times 6 - 8 \times 5 \times 2 = 360$

展開圖如下：

三階行列式

實線上三數的積取正號　　＋a1b2c3＋a2b3c1＋a3b1c2

虛線上三數的積取負號　　－a1b3c2－a2b1c3－a3b2c1

＝a1b2c3＋a2b3c1＋a3b1c2－a1b3c2－a2b1c3－a3b2c1

數字代入所得360，正是周天之數。

萬字符號：請看洛書九數，如果添加數間連線，第一圖：4＋9＋5＋1＋6＝25，得一曲臂線，2＋7＋5＋3＋8＝25，又得一曲臂線，25＋25＝50，兩曲臂交中五而成逆時針「卍」字。（逆時針萬字符圖）

第二圖：4＋3＋5＋7＋6＝25，得一曲臂線，2＋9＋5＋1＋8＝25，又得一曲臂線，25＋25＝50，兩曲臂交中五而成順時針「卐」字。（順時針萬字符圖）

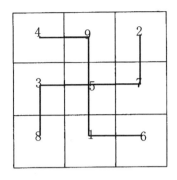

逆時針萬字符圖

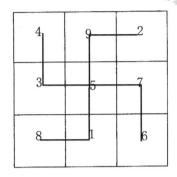

順時針萬字符圖

兩個圖數50+50=100，此乃天地之全數，含河圖與洛書之數理。

上兩圖體現了洛書的平衡性、旋轉性和運動性特徵，象天、象地，亦體現了天地萬物的生生不息與運轉變化的規律。

萬字符是古人觀察北斗七星的斗柄圍繞北極星旋轉的天文現象總結出來的規律，並用圖像來表達，請看下面的解釋。

在北半球，人們辨別方向時，首先找北，晚上由北斗七星（北斗七星圖）來確定北極星的位置。這是因為這幾顆星很亮，所在的位置顯著（大熊星座），且附近沒有別的亮星與它

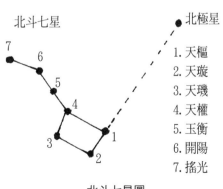

北斗七星圖

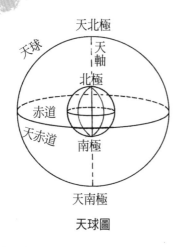

天球圖

爭輝。

【方法】沿斗邊的兩顆星（指極星1.天樞和2.天璇），連線向斗口外延伸約5倍距離，就很容易找到北極星。諺云：「識得北斗，天下好走。」

這裏還畫了一幅假想的天球示意圖，就是以觀測者為中心，以任意長為半徑所作的圓球，由天赤道分為南北兩部分，其中還標出了與地球自轉軸延長和天球相交的兩個天極，即天北極在地球北極的上方，天南極在地球南極的上方，天北極就是北極星的位置。（天球圖）

由於大熊星座離天北極近，斗轉星移，北斗七星不斷地改變位置，我國古時有「斗柄授時」說，即以黃昏時斗柄的指向來定季節：「斗柄指東，天下皆春；斗柄指南，天下皆夏；斗柄指西，天下皆秋；斗柄指北，天下皆冬。」

按農曆說：

二月春分——斗柄指東，五月夏至——斗柄指南，八月秋分——斗柄指西，十一月冬至——斗柄指北。

同時，用「卐」和「卍」字來標識，並將其天象賦予了一定的文化內涵。

這個圖是按照天空中呈現的北斗七星方位，以北極星為中心，以四季斗柄的不同朝向，所組成的一個圖案（空

中北斗仰視圖）。

　　因為這個圖是從下往上看的，所以，一定要人身面向北方，把圖舉過頭頂來看，圖上所示的北方也要向北（即地理學的北方）。

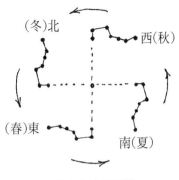

空中北斗仰視圖

　　這時可以發現，所示方向是：前北、後南、左西、右東。

　　一年四季春、夏、秋、冬的排列是逆時針的。但是，所成的圖形，按斗柄指向看，是一個右旋（順時針）的「卍」（讀音：萬）字，意為「吉祥萬德」，它是古代的一種符咒、護符或宗教標誌。

　　另外的一個圖，則是北斗七星由天上投影到地面，仍以四季的春、夏、秋、冬排列，所合成的一個圖案，這時，可以發現它與上一張圖相比有了不同的地方。

　　看它時，一定要按照我國古人的習慣，即人身面向南方，手水平拿圖在身前平看，圖上所示的南方也要向南。此時，所示方向是：前南、後北、左東、右西。（北斗投影地面圖）

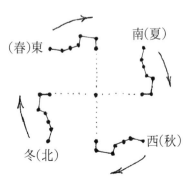

北斗投影地面圖

　　這個圖一年四季春、夏、秋、冬的氣溫

土字示意圖

升降是順時針的，但是，所成的圖形，按斗柄指向看，是一個左旋（逆時針）的「卍」字。這個符號多用在佛教的佛經和佛寺中。

4. 中土新說

漢字的「土」字，古書《說文解字》說：「土，地之吐生物者也」，並進一步解釋說：「二」象地之下，地之中。即土壤位於岩石面之上，地面以下的大地表層；「一」是物出形也，表示土壤能夠生長植物。（土字示意圖）

中央五土的表現，與現代地理學講的土壤在地理環境中的地位相似。地理環境是一個有機的整體，也就是說地球表面組成自然環境的大氣、水、岩石地貌、生物和土壤等要素，由大氣循環、水循環、生物循環和地質循環等物質運動和能量交換，彼此間發生著密切的相互聯繫和相互作用，從而形成了不可分割的一個整體。（中土新說圖形解）

地理環境各要素的相互聯繫、相互制約和相互滲透，構成了地理環境的整體性。這些要素並不是孤立存在和發展的，而是作為整體的一部分發展變化著。同時，它們的聯繫還表現在某一要素的變化會導致其他要素甚至整個環境狀態的改變。從上面的知識中，讀者可以聯想五行的含義。（地理環境示意圖）

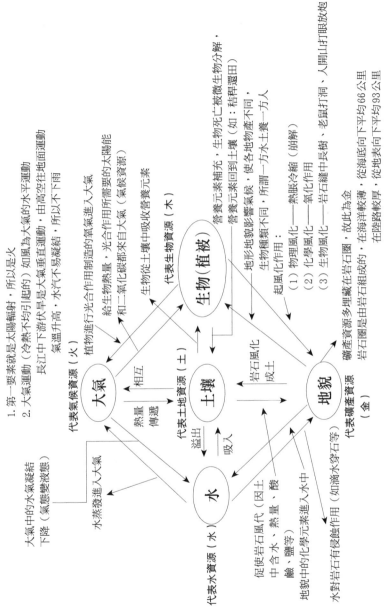

中土新說圖形解

1. 第一要素就是太陽輻射，所以是火
2. 大氣運動（冷熱不均引起的）如風為大氣的水平運動，長江中下游伏旱是大氣垂直運動，由高空往地面運動，氣溫升高，水汽不易凝結，所以不下雨

代表氣候資源（火）

植物進行光合作用制造的氧氣進入大氣
給生物熱量，光合作用所需要的太陽能
和二氧化碳都來自大氣（氣候資源）
生物從土壤中吸收營養元素

代表生物資源（木）

營養元素補充，生物死亡被微生物分解，
營養元素回到土壤（如：秸稈還田）

地形地貌影響氣候，使各地物產不同，
生物種類不同，所謂一方水土養一方人

起風化作用：
（1）物理風化──熱脹冷縮（崩解）
（2）化學風化──氧化作用
（3）生物風化──岩石縫中長樹、老鼠打洞、人開山打眼放放炮

礦產資源多埋藏在岩石圈，故此為金
岩石圈是由岩石組成的，在海洋較薄，從海底向下平均66公里，
在座路較厚，從地表向下平均93公里

大氣中的水氣凝結下降（氣態變液態）
水蒸發進入大氣
熱量傳遞
岩石風化成土
溢出　吸入
相互

大氣　土壤　地貌

代表土地資源（土）
代表礦產資源（金）

水

代表水資源（水）

促使岩石風化（因土中含水、熱量、酸鹼、鹽等）
地貌中的化學元素進入水中
水對岩石有侵蝕作用（如滴水穿石等）

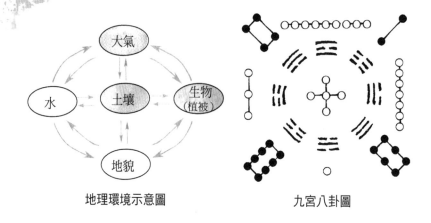

地理環境示意圖　　　　　九宮八卦圖

5. 九宮八卦

洛書九宮與後天八卦相配為九宮八卦圖。（九宮八卦圖）

我國古人把龍、鳳、麟、龜看作吉祥物，以神龜喻事，因其腹背皆有堅甲，頭尾四肢均能縮入甲內，且具有耐饑渴、壽命極長的特點，取其紋理圖案成畫，龜象配數，神龜的上蓋比作天，下殼比作地。

即：戴九履一，左三右七，二四為肩、六八為足，五定中心象徵太極，周布八卦，顯示五行生剋有促有制，萬物生息不已之狀。

九宮八卦圖以圓分布，以方布陣，從而應後天八卦乾、坎、艮、震、巽、離、坤、兌之順序。

後天八卦圖包含了事物的學問及其哲理，數以奇、偶，正、負；物以無、有，虛、實；形以靜、動，開、合……

這些形態正是八卦中的陰陽，就是哲學中的對立統一，

巽 四	離 九	坤 二
震 三	中 五	兌 七
艮 八	坎 一	乾 六

九宮格圖

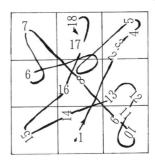

九宮十八手路數示意圖

明了以上道理，天地間萬事萬物，盡在此生衍變化中。

洛書方陣標明了卦位及數字。《易經》中的知識，我們在生活中會自然地應用它。作為內功武術練習者，一定要了解它，這樣才能修煉剛柔之體，從而健康長壽，生活愉悅。

九宮陣，無論是道傳還是民間流行，應用頗多，有武技、遊戲等。例如，童子跳九宮、穿換盤九宮、輕身飛九宮。（九宮格圖）

九宮八卦拳者，秘授九宮十八手，連環演練，九九歸一。（九宮十八手路數示意圖）

6. 算盤原理

算盤的主要規則與河圖的數理特點相吻合。它的上檔兩顆珠，表示日和月。上邊的為日是恆星，置而不用；其下為月，它是離地球最近的自然天體。月亮是地球的衛星，它圍繞地球旋轉，同日一樣掛在天上。人們看到的它們個頭也大。

下檔是五個行星，是人在地球上能夠看到的，距離太

算盤圖

陽由近到遠排列的，第一珠是水星，第二珠是金星，第三珠是火星，第四珠是木星，第五珠是土星，土屬中央皇極而不動。

算盤的七珠之和是 15，與洛書的縱、橫和對角線方向的三數之和均為 15 一樣。（算盤圖）

7. 後天八卦應勾股圖

天一生水為「坎」，勾三木為「震」，股四金為「乾」，弦五土為「艮」。地二生火為「離」，勾三木為「巽」，股四金為「兌」，弦五土為「坤」。（後天八卦應勾股圖）

與坎卦關聯的勾、股、弦數的平方和為 50，與離卦關聯的勾、股、弦數的平方和為 50，它們兩卦上述平方和之和為 100，正是天地總數。（勾股弦圖）

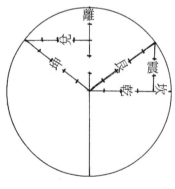

後天八卦應勾股圖

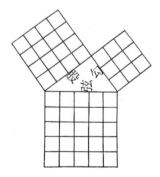

勾股弦圖

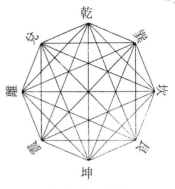

六十四卦示意圖

●六十四卦

古人為推測自然和社會變化，探討天理人道，以解決人生的諸多問題和面對世界出現的各種情況。在八卦易圖的基礎之上，又畫分出六十四卦。即由陰、陽兩爻出現的三次，提升為六次。這是本著人的本性的這一永恆需求，將自然環境、社會人文、經濟發展等覆雜關係，加以詳解，它的形成仍遵循先天卦圖之理。（六十四卦示意圖）

卦形是由三爻八卦（八個點）左右相鄰與交錯象位及自身相重的點相互連接而形成的，六爻成卦，象徵著陰陽生生不息。

它的對稱性、完整性、運動性是完美無缺的，它包含了天地間萬事萬物的發展和變化規律。

卦爻中用六、九代表陰與陽，它的根源是河圖。按五行水、火、木、金、土與數1、2、3、4、5相對應，五行的五數之和為：1+2+3+4+5=15，這裏的天數1+3+5=9，地數2+4=6，而9+6=15。所以天數之合9代表陽爻，地數之合6代表陰爻。

看河圖：陽數順行1-3-5-7-9，始一終九，故「九」被稱為老陽。

陰數逆行，4-2-10-8-6，始四終六，故「六」被稱為

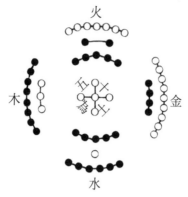

河圖圓圖配五行圖

老陰。（河圖圓圖配五行圖）

但是，《易經》的成書是在易圖的基礎之上。易經每卦的文字內容非常豐富，哲理又極強，有喜讀研究者，請看《易經》方面的專著。

我們在生活中經常遇到和應用的易卦有：

既濟：䷾

下卦是「離」火，上卦為「坎」水，如何把坎水和離火不相容的相剋和對立的性質統一起來，使水火相濟呢？做到這一點是人類在管理水與火這方面的一個重大貢獻——古人利用陶器和銅器作為調劑物使之和諧起來。用它們盛入水和食物，然後將器皿放在火上燒，這樣，火焰的熱能把器皿內的水燒沸了，並產生了強大的蒸發力將食物煮熟變軟，這樣，水火由相剋變成相和了，水與火的調和克服了對立的矛盾，到達了二者統一。

隨：䷐

下卦是「震」木，上卦為「兌」金，形意拳之五行拳

有劈拳（金）似斧，破崩拳（木）之說，然而本卦的下卦「震」即動，上卦「兌」為悅，卦應此動而彼悅，有自然隨和、事業定能成功之意，有如刀、槍裝上木柄，利用後部把手的彈性增強前刃之鋒利。本來相剋之物，將其結合為一體，使之和諧共用。

謙：䷎

下卦是「艮」，上卦為「坤」，兩者一氣為土，雖然「艮」山高，但是它在「坤」地下，這是謙虛的體現。意為為人處世內心要止抑，外表要柔順，表現謙遜的形象，做到居功不傲並有奮發自強的精神。

恆：䷟

下卦是「巽」，上卦為「震」，按後天八卦兩卦相鄰，五行均為木，「震」雷和「巽」風常同活動，相互助長，有剛柔相應而恆久之象徵。如做人做事要持之以恆和志向專注，處事雖可隨機應變，但不能改變方正的品格。

上面粗淺地解釋了四卦的內涵。

易卦用在氣候方面，可根據氣溫由低到高逐漸變化的規律畫一個圓圖。從六十四卦中提取十二卦，寓意一年十二個月。看此圖仍要從內向外，一年開頭為覆卦。（十二月卦圖）

一陽生，逆時針圓轉到坤卦，再從覆卦起繞，這裏有成語來形容。

週而復始：

環繞一圈，再從頭開始，指循環往復。

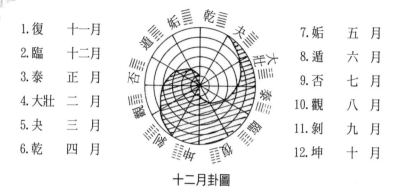

1. 復　　十一月
2. 臨　　十二月
3. 泰　　正　月
4. 大壯　二　月
5. 夬　　三　月
6. 乾　　四　月

7. 姤　　五　月
8. 遯　　六　月
9. 否　　七　月
10. 觀　　八　月
11. 剝　　九　月
12. 坤　　十　月

十二月卦圖

三陽開泰：

三陽生於下。冬去春來，陰消陽長，有吉亨之象。

否極泰來：

「否」（讀 pǐ），指天地氣不和，象徵閉塞和失利。「泰」，指天地相和，象徵通達順利。形容情況從壞轉好，比喻事情發展到了極點，就要轉化為它的對立面。

八卦的易圖是古人較早之作，應歸功於古代先民的勤勞和智慧。而發展八卦學說至編著《易經》，可作為傳統道德、政治、文化權威的象徵，則是經過了漫長的時間，凝聚了許多智者的辛勤勞動。

本人學識有限，學拳識易，簡述到此。

作為習練內功武術者，應該運用好陰陽變化之理，指導拳學的動、靜、剛、柔功夫，使之精深並發揚之。

子午線

地球上的子午線是連接南極點與北極點的線，也叫經線。所有的經線都相交於南北兩個極點。經線的形狀是半圓，地球表面有無數條經線，為了區別每一條經線，世界地理學界就給每條經線標注了度數叫經度。

分為東經度和西經度，把經過英國格林尼治天文台原址的那條經線定為0°經線，也叫本初子午線，從0°經線向右定為東經度，向左定為西經度，東西經度各180°，共360°，0°經線和180°經線分別只有一條，除此之外的所有經線都是各有兩條，即東經度一條，西經度一條，如：東經90°經線和西經90°經線。

每一個地方的太陽從升起到落下，太陽光線與地平面的夾角（即太陽高度角）呈現有規律的變化，太陽高度角

醫道九宮子午流注圖

從剛升起的0°變到正午時最大，又從正午最大變到落日時的0°。當地正午12點就是一天中太陽高度最大的時刻，屬午時，與平時12點差12小時的當地夜裏12點屬子時。

參照醫道九宮子午流注圖，可以修煉內功健身方法，學習有關經絡知識。

上面簡要地介紹了易學的基本知識，作為內功武術習練者應該學習、應用它，與之有關的內容如下。

> 1.武技與養生結合，學習「秘授臥功」「靜樁」「易筋經」。
>
> 2.行拳為圓，學「無極樁」「太極樁」「太極圈功」「古太極功」。
>
> 3.學習五行生剋，盤「種瓜點豆」，練「子午樁」功，了解形意拳之五行拳。
>
> 4.認識八卦，站「八卦樁」，知曉「懂陰陽生成，得乾坤拳技」之道理。
>
> 5.操手技法練習，重點學練「閃星耀月」「壁虎爬牆」「童子拉鑽」等。
>
> 6.練習「五禽戲」。
>
> 7.運用「九宮八卦」，學習「八卦綿掌」「九宮十八手」等。
>
> 8.練習「太極連環拳」。
>
> 9.「乾坤棒技」「空星刺譜」刀、劍等器械體用操練。
>
> 10.學習傳統國學、書法。

第二章
基本場法

開筋築基

　　道宗九宮八卦拳，武技基本功之踢腿、活腰、展背操練與他門技法大體相同，但有幾手不同者，以照片示之。

拐步1

拐步2

1. 拐 步

　　蹲身展背，兩手扶膝，左右跪步拐行，亦稱拐跪。此式運肩、活胯、揉膝、行踝，兩手扶膝保護腿足並有養氣得力的作用，操此功應循序漸進，先要穩慢到位，後要爽快準確。練習拐步是前行，即便是回身再做，也是前行。（圖拐步1、拐步2）

2. 吸 腿

　　直身獨立，兩手緊抱小腿，合腿貼胸，然後，鬆開雙手，腿位置不變。保持圓背獨立平衡。左右腿輪換做來。（圖吸腿1、吸腿2）

　　經過一段時間的耗腿練功，掌握了吸腿的架勢，以後就可以連續倒退步伐，使吸腿動作不斷，連連

吸腿1

吸腿2

行之。架勢可高可低，或直行折返吸腿，或圈圓行運吸腿，均為倒行。

3. 歇 鋤

出腿翹足，咧胯坐身，側身順臂反手扣抓足心，一下一下向足處彈韌行之，漸漸地彎臂下身，頭近腿足側臥成睡姿，左右式換做。（圖歇鋤）

後手如貼背腰，有養腎固陽的作用，此式開胯合胯有度。如圖歇鋤。

此歇鋤動作乃「八卦三鋤」功夫，取其一個定式作為抻筋練習。

「八卦三鋤」功夫者，一為把鋤，二為揮鋤，三為歇鋤，這裏只介紹名稱，後單列本功簡述。

歇鋤

八卦靜樁

道家武技的系統訓練，首先是踢腿抻筋和活腰展背，以此來增加身體的柔韌性和靈活性。

再就是樁法練習，使身體得氣生力，不斷提高身體的應變能力，做到氣與力合，從而能以氣催力，並充分發揮整體力量，達到體用效果。

【靜樁的要點】

兩足分開的距離一定不要大於肩、胯寬度，這一點非常重要，只有這樣胯才不會著力，同時腰部也能放鬆，下身各關節亦不會緊張，達到身體自然放鬆。然後，再以意念傳導，使內氣集於掌中勞宮穴，並以此穴「呼吸」。練功時口鼻呼吸要順其自然。功法六式皆依循以上要領。

練者如能悟透功理，掌握好操練方法並不斷勤習，定能健身強體。同時，練者內氣暢通，真陽充實，自然會有內氣收放之功，即：有收之養生、放之療疾的功能，而且還具備行氣運力之能，所謂「求之不得，不求自得」之朱砂掌功亦能自然修成。

1. 立地生根

兩足分距基本同肩、胯寬度，手臂在體側自然鬆垂，身心放鬆，眼前視，順項提頂，身有入天之意。（圖立地生根1）

立地生根1　　　　立地生根2　　　　立地生根3

接著，兩膝放鬆，兩腿彎曲，順直腰脊，身體自然向下微蹲，著意腳板鬆展，兩足踏入地下。然後，靜心緩形做下蹲起立3次，與此同時，兩掌指尖也向地下沉垂，這時就會有天地一線貫穿身體的感覺，亦有參天松柏入地生根之狀，人的身軸由意而生。以此構思而成形則有極生焉，有身心空無、形神俱妙之態勢。（圖立地生根2）

在第3次身緩緩起立之時，兩手同時緩緩外展，使掌心向前。這時，兩腿自然伸直，兩足心和兩掌心自然含空。

接著，眼視遠方目標（如大樹），用意含掌以勞宮穴將此物漸漸「吸」回，這時會有足心湧泉內吸，並且身體重心自然移到足跟，還有足大趾向回抓的感覺，由此肚臍內收，丹田自然吸向命門。行功時眼神要自然相隨。（圖立地生根3）

遠方物體吸入掌中後要靜息一下，然後再加意「呼」出掌心勞宮穴，把此物體慢慢送回原處，這時會有鬆展足

掌與身體重心微微前移而使足趾著力之勢，由此丹田自然向外呼出。同時眼神也自然相隨。

兩手勞宮穴的先「吸」後「呼」連做9～18次，不但要求連綿不斷，而且將物體收送的距離，也要隨次數的增加而加大，有幾個來回就會感覺兩足入地勢如生根。

練習時間長了，勞宮穴的「呼吸」會自然得氣，這樣，手三陰、手三陽的經絡就通暢了，手指會有明顯的氣脹感。

意念中的物體往復移動，如彈簧拉伸、筋條牽扯，鬆與緊的變化微妙，蓄與發的氣力自然形成，這就是太極之動。

行功中勞宮穴「吸」「呼」時，眼、耳、舌、身、手隨之微動屬正常，但是不可追求，心靜為一，氣通身暢自生二。

2. 托運泰山

由前式，兩手加意沉臂並將兩掌指深插地下，與此同時，兩腿彎曲放鬆，身體微微下沉，兩膝自然向前，鬆雙足踝，兩腳掌隨勢平展，雙足跟著意，隨雙掌指的深插也穩踏入地。

然後，雙掌緩緩上托，如將泰山挖起，身亦隨勢自然順脊舒氣，並沿身軸向上起。最後，形成大臂向前小臂平舉，兩肘下垂與心窩齊，掌心含空向上，五指微開如托簸箕狀的形態。眼向前視。（圖托運泰山正面、側面）

用意使兩手勞宮穴「呼氣」，此時掌指自然前伸，將挖起之泰山上托，稍微靜息一下，再用意使勞宮穴「吸氣」，使沉重下壓之泰山收縮吸進手掌。

托運泰山正面　　　　　　托運泰山側面

按此方法讓勞宮穴反覆「呼」「吸」，連做9～18次，意念續而不斷地托起、收落和縮化泰山，並漸漸把泰山集於掌心。

做這個樁式時，主要是著意於勞宮穴的「呼」「吸」，丹田穴位的「呼」「吸」會自然協調。

【提示】

雙手從下起動雙臂挖山時，身體的重心隨手臂的平舉微移向前，此時可感覺到兩足趾扒地和足跟似起之狀。在雙小臂平舉到位時，身體又微後移形成足跟自然著地及足心含空之狀。

每次勞宮穴「呼氣」時，開掌分指，手指要著意前伸。「吸氣」時，手心含收，手指隨勢向內彎曲。做這個動作時間長了，「氣」足自然生內力。

練者要悉心體悟此式的功用所在，逐漸掌握氣息的運用和調整。

雙臂擎天

3. 雙臂擎天

身形站立如前，雙手臂左右分開，雙臂圓屈，兩肘微垂自然外伸，手心含空向上，手指自然彎曲張開向外、向遠處伸出。雖然兩臂抬起，但還是要求放鬆。

雙掌勞宮穴「吸氣」，如天下沉，重壓手臂及兩掌。此時意要不斷，再用勞宮穴「呼氣」將穹天托起，連做9～18次。（圖雙臂擎天）

重複做多遍時，由於勞宮穴的「呼」「吸」使掌心蠕動，掌指外頂（特別是中指）要隨次數增加頂力（氣行力到），次與次之間不可懈怠，應使內氣貫達雙掌十指指梢。

【提示】

接前面的動作成此式時，一定要把握好雙手臂緩緩向外分開，如身在空中撥分雲朵狀，同時，自然暢胸而能提神，天盤自然通達。氣貫指梢，內氣行潤膻中、鳩尾並蓄足丹田，滋養命門，人盤有矣，中氣充足，下達湧泉潤兩踵，地盤自然穩健。

4. 抱擠天柱

接前式，兩足跟同時向外碾，兩腿彎曲站立。兩臂起，攏至面前高過頭，隨之向下滑收，停在胸前圓撐，肘

外頂微垂，手心含空斜相對，手指
自然彎曲前伸，虎口張圓。眼神自
然隨形。（圖抱擠天柱）

勞宮穴「呼氣」時，兩掌向內
抱擠頂天立地之天柱，勞宮穴內氣
相吸相引，並有微微沉腕和拇指隨
式的上下滑引，有將天柱栽插入地
之意。

勞宮穴「吸氣」時蓄力，抱撫
天柱。「呼氣」為擠插天柱，反覆
練習9～18次，把天柱插進地下。

行氣時，如小臂、兩掌微微旋
動或有開合，為得氣之象。

抱擠天柱

【提示】

這個樁式，要做到肩部放鬆，
才能有肘垂和掌擠的效果。此時胸
要內含，肩、臂、腕、掌以環形向
內傳遞氣力。

下盤的兩足、兩膝亦向內合，
天呼地應。此時人如在空中，彩雲
繚繞，神情怡然。

三盤落地

5.三盤落地

三盤：天盤，肩、臂、掌；人盤，腰、胯；地盤，
腿、足。歌訣有：天盤鬆，地盤定，人盤控。

接上動，雙分足，兩足相距約2尺（約66公分），身體下蹲成騎馬步，上身微向前傾。（圖三盤落地）

【動作要求】

（1）脊柱要自然舒順，兩足跟要著意外展，身體下蹲，重心落在兩足上。足心湧泉穴自然內吸，足趾收抓點地。兩膝自然向內、向前、向下頂，這樣，能使下盤氣力下引。

（2）兩臂自然撐圓，兩肩內扣，鬆肩沉臂，小臂自然旋撐。這樣，就有手心向外斜下方分按之式。

（3）鬆腰蓄氣，引內氣聚中。

勞宮穴「呼氣」，兩掌下按，氣運掌指，引內氣蓄中，丹田充足，能使兩足沉踏入地。

勞宮穴「吸氣」，掌有內收斂氣之意，又可有引足心湧泉穴、會陰穴內收的感覺，這樣，就會自然形成丹田、命門相吸而得真氣。並能引動會陰穴，使尾閭至泥丸宮自然通順，這樣內氣自然循環督脈、任脈，自能養氣聚中歸於丹田。

練功者要掌握好三盤之勢的沉落，連續練習9～18次，意念要連綿不斷，使氣與力隨形漸漸生成。

【提示】

配合勞宮穴「呼氣」，兩足之腳板要展，足踝要自然放鬆，身體的重心微前移。在勞宮穴「吸氣」時，身體的重心微微後移，這樣足大趾會點抓而收，此時也要把握足踝的放鬆，自能引湧泉之水沿足少陰腎經而上，而有會陰、命門、丹田之聚吸。如此往復真氣生成。

　　熟練此樁後，可將身體的重心輕
輕移根在踵，兩足掌平展，天、人、
地三盤鬆落至地，練功者把握平衡，
自能體會妙處。

6.雙合丹田

　　接上式，上身輕起雙收足，站距
略比肩寬，與前面所述身形一樣。

　　兩手收，虛抱小腹，手心含空，
兩手輕輕相疊，左手在裏，右手在外

雙合丹田

（女士：右手在裏，左手在外），勞
宮穴透對丹田。手掌要輕置腹上或留有相應距離（自然形
成），兩臂自然在體前。（圖雙合丹田）

　　勞宮穴透對丹田，一「呼」一「吸」調養氣息，精華
入丹田，反覆9～18次練習。

　　收功為兩肩、肘、手自然放鬆，可揉腹、摩面，雙收
足還原，靜心安身。

　　練功要求反覆做，可以做5次、7次，由練者心定。

　　六式靜樁連續練習或單式練習均可，它包含了內功的
修煉。

　　身體由鬆而沉，自然會有胸暢腹實、氣沉丹田之感。
勞宮穴「呼」「吸」的行功，自然會調動起先天的丹田
「呼」「吸」。氣盛陽動，內氣自然運行，諸經脈自然就
通順了。不要去循經導氣！要自然而然，意在勞宮穴為神
會，多時練習會自然上功的。

八卦動椿

椿功連環演練

站立的身形似靜椿。

1. 獅子滾球

陰陽生變，古太極功法。

【行功要點】

以意念傳神引動身軸，使腰身漸漸產生旋動，並帶動手臂，顯形外動而內靜。身動足不動，行氣傳力由上至下將周身蓄足，又從下返上送達肢梢，式勢陰陽變化，做到內外兼修。

就養生而論，宜四分動六分靜；以武功論，動作幅度大小及速度快慢宜相間，式架隨意出形而自生變化。

【動作要領】

面向南方自然站立，手臂在體側自然鬆垂，身心放鬆。眼前視。稍定片刻，雙分足，站距大於肩寬，此時加意順項提頂，使身有入天之感。（圖古太極功1）

行功者首先要心靜下來，再鬆腰舒臂使氣下沉，隨之身下蹲，蹲、起兩次，宜柔緩。（圖古太極功2～5）

然後，著意啟動身軸，隨之身形顯動而有了腰身左右扭轉，緩緩轉動數次後，漸漸加大動幅和速度，在產生頂天立地感覺的同時，所形成的扭轉力又漸漸向肢體傳遞。

古太極功1

古太極功2

古太極功3

古太極功4

古太極功5

古太極功6

隨著動幅的增加，速度也稍快起來，這時，就出現了胯和肩的開合，所形成的旋力經雙膝過雙踝到達雙足，自然調整雙足站距尺幅，使雙足自能抓地不動。同時，旋力從下上升與兩肩的旋力相合，必然會使兩臂產生起動摔轉而悠蕩起來。這樣，氣血自然行至手掌而聚於掌心勞宮穴，並貫達十指指梢。（圖古太極功6～7）

古太極功7　　　　　古太極功8　　　　　古太極功9

　　雖然兩腕掌隨臂游擺，但是，兩掌因勞宮穴之內氣吸引而相連，出現了揉掌翻腕，又慢慢地帶動兩臂使之彎曲，隨之兩肘畫空雲起，動幅再繼續增加，就能逐漸做出揉、托、抱、滾的動作，敘述如此，不再增加圖幅，練者自悟其形。（圖古太極功8～9）

　　此時，行功者如意想雄獅之神態，就會形成獅子搖身、獅子搖頭及金獅戲球諸式，傳神在心，眼隨形轉。

　　最初練習比較容易，若想進階深入，就需要學者細心體悟此式的內涵，理解由靜生動和動微而靜，並內收入中宮合太極之意。若想探得勁路纏綿、剛柔，須刻苦研習揉圓、畫圓、運圓的意境。

　　體會足下的吸、粘、拔、捉，手上的抱、擠、頂、撐的感覺。

　　收式為靜心鬆體，慢慢地減小動幅和旋速，身隨之漸漸起立，雙足自然斂收，兩臂掌慢慢沉落在腹前，兩掌相

捧（尺幅自然），兩勞宮穴相吸片刻，使內氣存於丹田，人身自得陰陽平衡。然後，手臂自然鬆垂在大腿外側。呼吸自然。眼神前視。

師言：此為古太極功法，簡而為真，從無至有，著法由陰陽變化以致無窮，練者要把這個根基築好，其餘諸式舉一反三，掌握了這個功法，則拳術易學。

掌握古太極功，對太極拳、形意拳、八卦拳來說，有以下幾方面的作用。

打太極拳者，身軸一動，陰陽顯現，身手步法即可靈活轉換，自然生變出百式招術而成套路。懂得這個道理的練拳人，無論走架還是推手，功用自然上身。

練形意拳者，合胯擰脊身軸動，丹田氣催力，而變生五行奇正之術，使人形神合體而能進退自如，攻防得心應手。

盤八卦拳者，有了腰胯開合身軸之擰，自然會弧步而轉，以意領形，自得九宮八卦拳體用之術，若能參透功理，即可進階。

2. 熊貓洗臉

轉身搖臂，掛垂掩護法。

【行功要點】

仿熊與貓洗臉的動作，而非吃竹子的熊貓。

【動作要領】

面向南方，兩腿分開，站距稍比肩寬，調運身軸由身

下漸漸揉動兩臂掌，形成屈臂垂肘，先左後右旋掌過面。一掌在外，掌心對太陽穴，另掌過面，兩掌心都對面部。身軸左轉時，兩掌隨到左側頭面部。身軸右轉時，兩掌隨到右側頭面部，運掌要掩肘垂畫並以氣摩臉面而下，鬆臂抽掌向下到腹走弧線，然後再外展，起臂掌上揚。（圖熊貓洗臉1～2）

　　另一種練法是，起掌在外，掌心對面部，另一掌過面部，掌心向外以推按之手法，再掩肘垂畫之。此動之掌有塌有捋。重複以上動作練習數遍，眼隨掌動。

　　此式主要是隨身軸之左右轉動，形成裹臂雲掌和垂肘掩中之動。腰身協調配合，含胸闊背，身體放鬆，式架高低隨意變化，但是一定要氣沉丹田。本式動作幅度可大可小，速度快慢要自然得體，本式具有健體和實用的雙重功效。

　　熟練此式者，即可以調運身軸，以腰胯的左右轉動來盪動膀臂而自能做出裹臂雲掌和垂肘掩中之式。練者悟之。

熊貓洗臉1　　　　　　　熊貓洗臉2

3. 順風擺柳

開胯擺尾，運移化力法。

【行功要點】

雙開步，兩足相距2尺餘，微屈膝使身體低一些，上身微前傾，順脊，臀部不可外突，鬆肩順肘使兩臂自然垂沉。（圖順風擺柳1）

【動作要領】

由意引動，身體左右側擺並帶動兩臂，兩掌含空，勞宮穴相吸相捧，兩掌距約1尺（約33公分），手指自然分開，指力向地伸去，腰塌氣沉。（圖順風擺柳2～3）

這時要求腰鬆胯活，重心在左右腿（足）間轉換，但是兩足不可拔根。

式由微動起，逐漸加大幅度，式如鐘擺，使兩臂掌隨

順風擺柳1　　　　　順風擺柳2　　　　　順風擺柳3

身、腰、胯、腿，同步在體前蕩動，如春風拂柳，水波蕩漾。行功者暢胸順脊，自有頭頂入天之感。

做這個動作時要體會指、腕、肘、臂、肩由搖擺而生勁力，並節節上傳，逐漸柔化變蠕動傳到頭頂；下身由腰及胯經兩膝到達兩足，勁力下沉有入地生根之感。兩足輕重變化而不拔根，同時膝關節要活，兩膝頂力恰當到位可使胯開，足下才有綿韌之勁力和蹬入踏進的感覺。

順風擺柳4

一般擺幅以正身中線向左右各30°為宜，勁力柔和，絲絲不斷。眼視前下方掃擺雙掌。重複練習。

兩掌擺動，一臂掌在腿外，一臂掌在腿內。如向左擺動，左臂掌在左腿外，右臂掌在左腿內（或者說在兩腿間）。這是一般的練法。

功行多日後，下盤穩健，掌臂會隨身體自然擺動。氣力由內而外，由外而內，隨擺盪傳送。

這個動作可使丹田、命門、會陰三穴交匯，有利於帶脈、衝脈通順，使陽氣萌動，具有養身健體的功能。熟練之後，再進一步鼓蕩腰腹，以丹田之力促使身體擺動，引臂、掌自然做出與開胯相反的左右擺動。（圖順風擺柳4～5）

順風擺柳5

練者要善於思考並悟透其中要領，特別是身軸能樹得起，又要做好身軸之左右微轉，這樣才能傳神，再進一步掌握變化生新。

4. 壁虎爬牆

攀落平抹，升降尋隙法。

【行功要點】

做這個動作眼神要自然尋掌，拉動身體脊骨伸直，但足跟不可離地。做到氣力有蓄有發，身軸自然樹起，並有微微左右轉動。

【動作要領】

近牆（適中）而立，兩足站距略比肩寬，兩臂放鬆垂落於體側，調勻呼吸。然後起動右臂掌，自身體右側弧線上旋平抹（掌心朝外向牆），起向頭頂高處，再向左，從頭左側下降，轉到身胸左側時，變右掌心向下按，過腹部後自然歸位，鬆臂掌垂落於身體右側。這個動作是以逆時針轉臂抹掌行運一周的。

在上動臂掌到胸側向下時，起動左臂掌，練法同上，只是左臂掌轉臂抹掌，以順時針行運一周。如此交替重複進行。（圖壁虎爬牆1～4）

壁虎爬牆1

壁虎爬牆2　　　　　壁虎爬牆3　　　　　壁虎爬牆4

　　兩臂掌在身體前旋轉平抹，運掌以肩頭為軸，肘起肘落畫圓相隨，肘尖下垂外頂，左右交替速度要適中，緩中寓急。抹掌下拉至旋掌下按，身體有向上挺長之意，並加意節節攀升而使勁力不斷，做到意足形到。各部不敘者，皆為自然。

　　爬至高處，再旋動臂掌，由上往下漸漸收抹，身體慢慢下蹲。往復起蹲抹按，動幅大小變化隨心，速度調整加功而練。

　　本式體用結合，要學會掌握用肘、用掌的技藝，勤練多悟自能引申變化。

5. 童子拉鑽

搓捻軸脊，真丹收運法。

【行功要點】

意念是以兩掌扶鑽旋搓，似有捻擠鑽壓入地之意。動作速度初時以平緩為主，重複練習，眼自然平視隨掌動。

【動作要領】

頭頂入天，腳踏入地，著意身軸調運，顯形以腰胯的左右擰動，引氣行帶脈而分別做左、右臂掌的後拉、前插，即左掌後拉右掌前插，再接右掌後拉左掌前插的進退相搓式，它的往復運動形似拉鑽。（圖童子拉鑽1～3）

這個動作，丹田、命門相吸相引（抱、轉），有聚力發勁之功。此式體用結合，兩掌出中入中，亦可變化為兩掌交疊擦搓虎口的動作，要求直進中線，進退自如，或緩或急或沉穩或疾行。

動作意趣妙生，雖形為兩掌執鑽而旋，亦可著意兩腕、兩肘、兩臂、兩肩的搖動，進而形成身脊為鑽，產生中之軸進鑽入地之感。此時，鬆肩垂大臂，小臂收於腹

童子拉鑽1　　　童子拉鑽2　　　童子拉鑽3

前，兩手掌近腹似捧。練者還要注重兩腿之根力（頂膝隨踵），這樣身體的上、中、下似有三盤在旋動，而會有氣力飽滿的感覺。

兩臂掌在腹前的「拉鑽」放放收收，快快慢慢，練家悟之。

6.銀蛇纏身

盪旋揉體，順逆鑽纏法。

【行功要點】

揉身旋體，順、逆自然。

【動作要領】

面向南方站立，兩足開距略比肩寬。兩臂抬起在體前伸出，肘微垂，小臂平，兩掌心含空，勞宮穴相對，距約拳餘，掌指自然彎曲，兩掌指相近但不可接觸，在身體正前方。（圖銀蛇纏身1）

本式樁步成形，以意引動，調運身軸，兩手臂向左平擺45°位，至極處緩緩收臂，兩肘向外頂並開掌，手心向左胸，兩掌距胸一拳餘，兩臂不可夾胸，同時腰胯向左轉動。（圖銀蛇纏身2～3）

上動不停，兩掌自左胸向右胸以勞宮穴之氣平摩，慢慢虛合雙掌，隨式兩肘內收，兩臂前伸向身

銀蛇纏身1

銀蛇纏身 2　　　　　　　　　銀蛇纏身 3

銀蛇纏身 4　　　　　銀蛇纏身 5　　　　　銀蛇纏身 6

體右前45°位，同時腰胯從左向右轉動。（圖銀蛇纏身4～8）

再擺臂向左90°到開始起手時的左平擺位，重複上面的動作。上面敘述了一個擺、收、運、伸的兩臂、掌的連續動作和腰胯的順式轉動。此為左蓄右伸式，按上述方法

銀蛇纏身7　　　　　　　　銀蛇纏身8

重複練習。

　　右蓄左伸式，按上述說明，動作左右相反，重複練習。

　　手臂平擺成扇面，向身體前方左右各45°運臂走掌，其夾角為90°。回收運掌摩胸，前伸的屈臂走圓，方向與以腰為軸腰胯的左右轉動方向相同，蠕動身軀，螺力傳遞。

　　初學本式宜循規蹈矩，正身順式，即擺臂和轉腰胯同向同步，熟練之後再按上面敘述的要領做擺臂和轉腰胯的同步異向運動，如：擺臂掌向左的同時，腰胯向右擰動，並配合手臂恰到好處地旋動。

　　待功夫長進以後，用丹田之氣引腰脊並轉動身軀，勁力螺旋傳遞到達「蛇頭」（即掌指），練者體會「蠕動身形，周身皆拳」之理。

　　做這個動作時，頭要隨式自然轉動，眼神亦然，這樣才能達到周身運動，使各關節活動靈活，氣血通暢，可消瘀祛疾。

　　本式的蛇形功法要領須長練長悟，會拆會變才能做到體用結合。式由靜而動，氣行力生，內勁產生蓄於丹田，腰為主宰，上脊過背，進而蕩動身軀乃及手臂之梢，由腰塌下沉、胯坐臀斂，傳到兩膝自生向內頂力，向下到踵，又使足趾自然抓地。這樣樁步自然穩健，下盤沉實。

八卦行樁

八卦行樁也叫分水轉龍。

【行功要點】

由靜生動，由動生變，衍化為行樁。

【動作要領】

　　面向南方，兩足向前自然站立，兩手臂在體側鬆垂，眼前視。（圖分水轉龍1）

　　微靜片刻，翻兩掌，手指自然彎曲，手心含空向前，接著兩臂彎曲向體前抬起，至肩高時拱腕收小臂，使雙掌向面部外側耳旁，手指過耳鬆垂向肩，然後兩肘向外分開。（圖分水轉龍2）

　　不停，拇指合向掌心，掌指朝下，雙手背相對手指攏收，拇指、食指、中指抵肩頭下胸窩

分水轉龍1

分水轉龍2　　　　　分水轉龍3　　　　　分水轉龍4

處，接著，再以虎口外緣沿胸貼肋向下滑插，到胯旁時向外撐，兩臂自然下伸，此時兩臂自然形成撐力，掌在體外左右側大腿旁，要留有一拳空餘，掌心和拇指向外，四指直向地。形成兩肩內扣兩臂外撐的下沉之勢，這樣就能使脊背闊圓，並能含胸塌腰，同時呼吸也自然順暢。（圖分水轉龍3）

接著屈膝，身體適度下蹲，調運身軸，以意引氣，使腰胯向左轉，隨勢帶動右腿，自然做出頂右膝和右踵外展及右胯後坐的動作（圖分水轉龍4）。

身體向左旋轉式，至極點時帶動左腿，左腳踵起掠地而出，左足尖外展擺步，落地後足趾抓地，左足跟與右足尖相對，兩膝向前頂，兩腿有夾剪力（圖分水轉龍5）。

身體向左旋轉之力不斷，隨之自然帶動右足前行，內扣落地，右足跟與左足尖相對（圖分水轉龍6）。

此時兩腿掩襠扣膝，神意帶形，自然調運身軸，腿足

分水轉龍5　　　　　　分水轉龍6

自得擺、扣動幅，產生沿圓逆時針行轉的連續動作，由於落步自然，所形成的圈徑自有兩胯尺幅約束，大小適中。

　　換步轉身的順時針轉圈，是按照上面的動作要領，以相反的動作練習。

　　步子在圈內移動、轉換，要保持手臂下沉和臂撐、掌外撐的一個姿勢。意為頭頂穹天、腳踏厚地，這樣會自然形成兩肩內扣，胸空內含，拔背橫闊而氣力下沉，並能使氣力蓄於腰腹間，這樣就有丹田氣足之感。

　　由於低身圓轉，塌腰坐胯，兩膝頂剪，足蹬腳踩，身體由此形成一股螺旋力，上下傳遞著，練習日久，氣足力整，下盤穩健，勁力貫通周身，動作中足下的踢、趟、掃、掛會自然產生。

　　形起自然，動幅大小隨心，速度快慢自變。

　　提踵踏顛之轉同時可以修煉。

　　行功中一定要調運好身軸之旋，保持上身中正。眼要

平視，要自然撐臂扣肩。氣息平和，天地一軸，氣場飽滿。

變換圓轉方向要自然，快慢旋撐隨功得法，收式為自然收中。

圓轉中兩手似舵，如在水中分水導流，使之漸成旋渦，恰似古人傳說中的螺舟——一種螺形船，能在水底潛行。《拾遺記・秦始皇》載：「有宛渠之民，乘螺舟而至，舟形似螺，沉行海底，而水不浸入……」這說明練功中的意境和方法很重要。

行樁表現為動、靜、急、緩、剛、柔、外、內的形態，象徵先天之乾坤旋轉，後天卦生而致用矣！

第三章
獨門練功

種瓜點豆

種瓜點豆

　　武學童子蒙訓之種瓜點豆操練，純真雅趣，練者在遊移時身心和順，自然而然地方中尋圓，體悟剛柔合體、術道並重之功。方法得當，老少皆宜，得其要領者可自生妙法。

> 種瓜點豆歌：節令農耕到，種瓜點豆巧。
> 　　　　　　應天順地行，開合學中妙。

【練功要點】

　　心意鬆涵，勁力內蓄，步眼釘穩，變換靈活。

　　握固，嬰童生來會之，當今練習稱其為「自然拳」，即以拇指頭節點訣無名指下橫紋處，其餘四指向掌心曲包拇指，輕輕握之。

【要意簡介】

　　選用五宮圖製作模板，其尺寸要根據個人的年齡與身高，四角為開胯蹲身站立位，不要過寬，應以胯、膝、踝合理承受的尺幅為好。同時，五宮位的站立圓面也要適當，不能太大。

【初習時動作要規矩】

　　式落中宮時，兩手自然拳（握固）拳心向上，收在神闕兩側，而踏遊、跳運四角時，兩拳先向內擰，待兩足到位時，兩臂圓撐推出，使兩拳相距二寸許，拳背斜向胸，

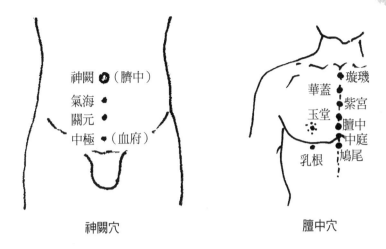

神闕穴　　　　　　　　　膻中穴

高度與「膻中」齊。

【穴位名稱】

神闕（ㄕㄣˊ ㄑㄩㄝˋ）：位於任脈，穴當臍中，為先天之結蒂，後天之氣舍。

膻中（ㄉㄢˋ ㄓㄨㄥ）：位於任脈，本穴內應心包外圍，代心布命，居於胸膜之中。

【功法用圖】

栽地樁或用木模板，按需畫圖，要標準清晰，練家務必重視。

種瓜點豆含巡邊置角與踏落登升練法。

（1）巡邊置角：刻畫圓面。

選用四周帶框的模板，中心定位不變，在轉向移足時，所移之足外側要貼近邊框，足尖要前頂所對邊框。一擦一頂，輪換移足，身手隨變，順、逆時針練習。（模板圖）

（2）踏落登升：栽樁固牢。

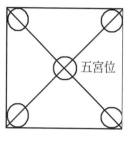

模版圖

落足圓面適當縮小，一下二上，開胯、折膝、撐脊，順、逆時針練習。

① 踏位均高三寸，移行練熟。

② 逐漸增加踏落圓墩高度，以寸計。或者直接定好中心高七寸，四角高一尺，慢慢適應練習。這是個安全尺寸，所差三寸，正是腳踝到足底尺寸。

【練習要點】

一足移動踏落後釘位固而不動，再起另足移動踏落另一釘位，稍停，移動第一動之足，踏落釘位固之。（方位示意圖1、2）

行三個步眼，身、手、足直面同一方向。轉一周12個步眼，動作協調穩定。

種瓜在中心，點豆在四角，在踏移時，可以按意或按數發聲，不但有增加樂趣、增強記憶之效果，而且發聲能夠震動體內臟腑，起到按摩健身作用。

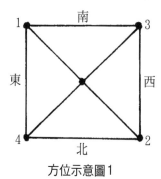

方位示意圖1

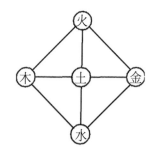

方位示意圖2

發聲當以輕音，聲調高低自然，行運之法自然鍛鍊筋骨肌腱，步履穩健，練習下來心情愉快，精神飽滿。

【練習方法】

以上方位示意圖猶如模板，記好宮位，具體練法配以下腳印踏宮圖，略去數字。下面敘述，只言兩足分別移動，身手動作著心用意自然配合之。

初時，面向南方偏西站立。接著，內轉左足，足尖朝西，腿自然彎曲獨占中宮，與右足成「丁」字90°站立，身面向西，兩腿掩襠。

這樣，就開始了順時針移位轉動，身向西、向北、向東、向南轉四正方。

按圖行運，四個方位按順時針都轉到，做時，凡足轉占中宮必轉身換向，掩襠、開胯自然做來，身體自然下蹲。可以連續順時針轉下去。（圖種瓜點豆1～13）

當然，需要換向（逆時針旋轉）要轉到身面朝向南方定身之後，再按照上述要領反著練習。因敘述繁複，到此為止。

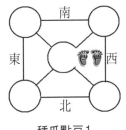

種瓜點豆1

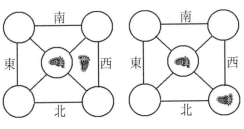

種瓜點豆2　　　　種瓜點豆3

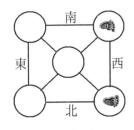

種瓜點豆4

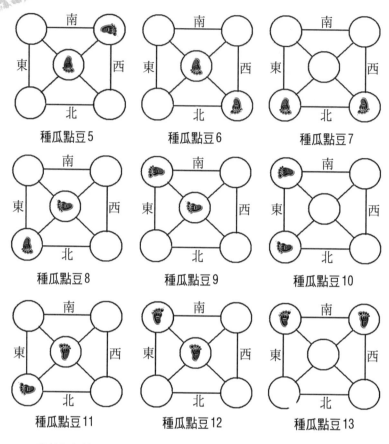

種瓜點豆5　種瓜點豆6　種瓜點豆7

種瓜點豆8　種瓜點豆9　種瓜點豆10

種瓜點豆11　種瓜點豆12　種瓜點豆13

關於立樁，有如下說明。

（1）固定木樁，四角樁高3尺，中心樁高2尺7寸。

（2）逛盪活樁，四角樁高3尺，中心樁高2尺7寸。

（3）彈性藤樁，四角樁高3尺，中心樁高2尺7寸。

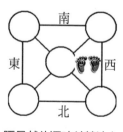

隔星越位順時針轉法1

立樁四角一定要同高，中心樁適應一定高度後，可以增高或降低。熟

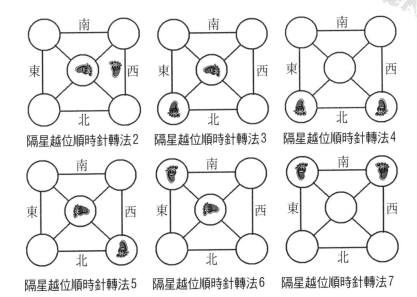

隔星越位順時針轉法2　隔星越位順時針轉法3　隔星越位順時針轉法4

隔星越位順時針轉法5　隔星越位順時針轉法6　隔星越位順時針轉法7

能生巧，練者當體悟變化。

　　隔星越位順時針轉法，參悟七圖（圖隔星越位順時針轉法1～7），它有規律地旋動，更加強練習的樂趣。

　　連續操作，面向南方收。

　　隔星越位逆時針轉法，參悟七圖（圖隔星越位逆時針轉法1～7），它

隔星越位逆時針轉法1

隔星越位逆時針轉法2

隔星越位逆時針轉法3

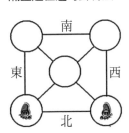

隔星越位逆時針轉法4

隔星越位逆時針轉法5　隔星越位逆時針轉法6　隔星越位逆時針轉法7

有規律地旋動，更加強練習的樂趣。

連續操作，面向南方收。

以上介紹的是移踏法，還有跳躍法，當令研之。

虛領擊空

此乃「開手」訓練，為功夫修煉之入階，俗稱「打空」，它是以手、膝、足空擊目標，近物不觸物的一種練功方式。其創意為虛實巧用，配合身形的變化，以快、閃、脆、韌之勁路，調動內氣與外力，使身體在運動中掌握動作技巧、控制平衡。

記得當初學時，童齡稚心，常以之為遊戲，然而入得法來，就知道了虛打比實打難得多。

練功環境是在早、晚天擦黑時，特別是在有氣流推動目標搖擺時，不可接觸目標。這樣可以提高煉功者的目擊力，培養良好的心理素質和應變能力，使身體更靈活，可以說這是一項很好的基本功夫。

【準備】

用細紅繩吊起一枚方孔銅錢，定為打空目標，銅錢高度一般在胸腹上下，亦可因勢調整，自然站立，心量目測目標。

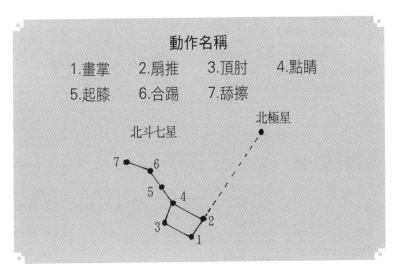

動作名稱

1.畫掌　　2.扇推　　3.頂肘　　4.點睛
5.起膝　　6.合踢　　7.舔擦

北極星

北斗七星

1. 畫 掌

慢中見快，單掌做畫、片、搓、推、旋、纏諸法，身形翻轉隨意應變，左右掌交換做為妙，眼神相隨，練者可觀察圖片習之。（圖畫掌）

畫掌

扇推 頂肘

2. 扇 推

高馬步，身軸旋動，形如神龜膀臂搖曳，而兩掌亦自然陰、陽轉換，眼神相隨，架勢要圓活，練者可觀察圖片變換方位連連習之。（圖扇推）

3. 頂 肘

連連扇臂，以肘尖空擊，或快或慢，或前或後，轉換身姿，式之高低變化隨心做來，眼神相隨，另一只手在下照應，練者可觀察圖片不斷變換手臂習之。（圖頂肘）

4. 點 睛

兩手舞花，速起腿以足尖點向目標，身穩應變，心隨式起，左右腿歇換做之，眼神相隨，練者觀察圖片習之。（圖點睛）

點睛　　　　　　　　　　起膝

5. 起　膝

兩膝交換空抵，似跳非跳，輕靈落步，訓練有素者頻頻做來，眼神相隨，練者注意觀察圖片。（圖起膝）

6. 合　踢

起腿裏合，足尖扣掃，兩臂掌開，為之平衡，身形調穩，左右歇換做來，眼神相隨，練者觀察圖片習之。（圖合踢）

7. 舔　擦

兩腿足交換起落，神情安穩。以足掌上舔下擦，或左右似鐘擺擦抹之。兩臂掌平衡穩定身

合踢

舔擦

形，眼神相隨，練者觀察圖片習之。（圖舔擦）

　　以上是最基本的練法，不拘於此。所列圖文雖然簡約，但是，只要用心做來，就會有收穫。

　　如果是兩人練習，一人拉繩調控制錢高低，更有樂趣，但一定要注重所出之手的陰陽變換，萬萬不可出手落空拉回再擊，應在出手剎那間轉換，陰掌換陽掌、陽掌變陰掌。要做到環轉無暇如太極圈，心神專注，氣息自然調整。

　　練者如能悟得此中道理，就能舉一反三，變化出更多架勢。

　　心純式正，待熟練之後，可以起吊二枚或三枚、四枚銅錢，設銅錢高低不同，布位前後、三角、四方，人在其中，以進退、穿梭、轉換、旋轉等身形出現，並施以各種手法、腿法相繼做來。

　　不言而喻，只要認真修習，定能練出功夫，使身體靈巧，心思敏捷，擁有健康的體魄。

單操手功

●單操手

動作名稱		
1.靈貓撲鼠	2.閃星耀月	3.獅子滾球
4.馬蹴落花	5.童子踢椿	6.喜鵲蹬枝
7.金猴摘花	8.摩雲盪手	9.拐腿鬼腳

1. 靈貓撲鼠

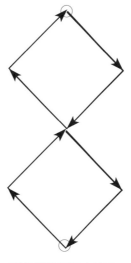

靈貓撲鼠行運路線圖

蹲身左右撲抓，按示意圖（靈貓撲鼠行運路線圖）行運，在頂端收身獨立，隨之逆向緊轉身，再左右撲抓之。熟練後，再倒身行運（諸向皆反也），眼神隨形。（圖靈貓撲鼠1～6）

【要點】

緊轉身要敏捷俐索，軸身為之，此「玄」字功也！

靈貓撲鼠1　　　　靈貓撲鼠2　　　　靈貓撲鼠3

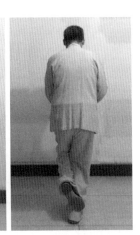

靈貓撲鼠4　　　　靈貓撲鼠5　　　　靈貓撲鼠6

2. 閃星耀月

把正方形按對角線畫分為四個對頂等腰三角形。

按虛實箭線標示，先掌握一個三角形移運之法。

按示意圖號碼及方向，先靜定中央，再尋數字箭指路

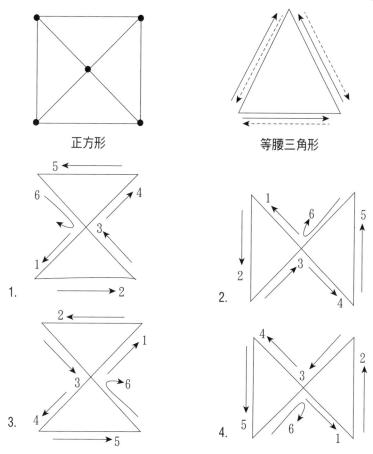

正方形　　　　　　　等腰三角形

閃星耀月移運路線圖

線移運，兩個對頂三角形有五個頂點，須六步。

巧妙換身，接續移運下一對頂三角形。

【要點】

連續移運四個圖形，一氣呵成。

移形平穩，式高低、快慢隨意，儀表安詳。臂掌自然擺動，眼神隨形。（圖閃星耀月1～2）

閃星耀月1　　　　　　閃星耀月2

獅子滾球

3. 獅子滾球

「之」字路線前行，臂掌擺盪呈左右抱球狀，往返操之，眼神隨形。（圖獅子滾球1～4）

獅子滾球1　　　　　　獅子滾球2

獅子滾球3　　　　　　　獅子滾球4

【要點】

身軸旋動成形，足下有踢、趟、掃、掛之功。圓臂滾肘，兩掌撐抱。

式高低、快慢隨意。

4. 馬蹴落花

正身向南，站定中宮位。（馬蹴落花蹶踢移宮圖）

（1）從中央運右腿左轉進身落足向東南角位，然後，速起左腿帶胯開膝並以左足跟蹶之。（圖馬蹴落花1～3）

（2）左足踏落，背倚靠之，稍靜，移右足進中宮，接著，速運左腿右轉進身落足向西北角位，然後，速起右腿帶胯開膝並以右足跟蹶之。

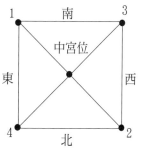

馬蹴落花蹶踢移宮圖

馬蹴落花1　　　　　馬蹴落花2　　　　　馬蹴落花3

（3）向西南角位轉身起腿，速用左足跟蹶之。

（4）向東北角位轉身起腿，速用右足跟蹶之。

眼神隨式而變，蹶踢四個角位，有不述者，練家多悟勤習。

【要點】

移宮轉身迅速，起腿開膝要得體，力導足跟蹶之突然，踏落時背倚身靠不可忽視。

5. 童子踢椿

左右斜開進身釘步，適時起臂擊掌與夾襠收膝貼踝，速踢足跟腱處，此謂之踢椿，眼神隨形。（圖童子踢椿1～2）

【要點】

釘足抓地，踢椿之足與起臂擊掌兩兩脆快俐索，兩腳移步要穩健。

童子踢樁1　　　　　　　童子踢樁2

6. 喜鵲蹬枝

開臂亮掌，同時提腿屈膝蹬足，十字進中，眼神隨形。（圖喜鵲蹬枝）

【要點】任何方位，及時出擊，高低可行。

喜鵲蹬枝

金猴摘桃1　　　　　　　　金猴摘桃2

7. 金猴摘桃

左右躍步，拱臂猴形，趾步墜肘，雙捋掌護胸中，眼神隨形。（圖金猴摘桃1～2）

【要點】

意鑽式閃，進退自如。

8. 摩雲盪手

摩雲盪手

開步拉架身軸旋動，兩手捧抱而出，左右旋揉，眼神隨形。（圖摩雲盪手1～3）

【要點】

旋揉勤練，體驗旋揉升落運身多變之法。

9.拐腿鬼腳

左右側移，藏身跪步同時圈臂扣掌與圓肘栽捶。（圖

摩雲盪手1

摩雲盪手2

摩雲盪手3

拐腿鬼腳1

拐腿鬼腳2

拐腿鬼腳1）

　　突然起身掏膝舔足，兩臂扇開，兩掌抹分。眼神隨形。（圖拐腿鬼腳2）

【要點】

　　低身運式，蹬足力道沉穩，有銼有舔。

以上每式含義深刻，而且動作變化豐富，只有反覆操練才能掌握。

●採陽吞氣

採陽吞氣

起床淨身，選空氣清新的僻靜之地站樁，深沉緩慢呼吸三遍後，稍息。

身向東方，迎旭光，即早晨太陽升起前後顯有紅光的這段時間，眼微瞇，微抬下頦，鼓廉泉穴（任脈穴），收唇成扁圓口，再輕緩吸足一口長氣。

然後，上唇壓口、叩齒、閉腮，把吃入口中的氣吞入（咽下）腹中。此時，行功者要目注耳聞此氣如珠慢慢滑滾而下，送到丹田處聚存。

如此九口，功長有素者，可聽見體內之氣珠咕咕響聲。

練此功時，舌部有微妙之收與展，練者用心體會！

朝有旭光，夕有霞光，夜有月華、北斗星光。要擇機而練，功久可成神仙之體。

●捧蓮擊掌

捧蓮擊掌

現今在公園中常見中老年女士拍手並齊誦歌謠，以此鍛鍊身體，在公共場所產生噪聲，與清靜優雅的環境不協調。

我少年時所學「道功鐵砂掌本初之捧蓮擊掌」，乃兩手指彎，張開相捧，令勞宮穴含空相對，以撞兩腕為主，大小魚際也自然相碰。此動可引十指彈觸，雖輕微出聲，

但清耳除鳴，使操者心脈通順，養肺護脾，清胃平肝。手三陰、三陽開暢，亦提神醒腦，閑暇時每每操作，可提高健康水準。

捧蓮擊掌

此道宗武技養生，凡操「鐵砂掌」宜先練「捧蓮擊掌」以求適應，故稱為本初之法。捧掌可以在身前平伸或當胸立起，勿令緊張。

●鐵砂掌功

鐵砂裝在尺方帆布袋中，平放在2尺2寸高的案几上。

練者騎馬蹲襠，身體自然放鬆不著力，調勻呼吸。

略息，做下面三個動作。

一手臂從身側向後掄起至頭上方，然後，五指自然張開，速向鐵砂袋拍擊。此動要用意著力。

稍息，收掌攏指折小臂，手掌向另一側耳額處，手背朝前。

略停，用意著力，掌背速朝鐵砂袋揮擊，到位時掌指伸開。

稍息，轉掌提臂向上，手指下垂成爪，提過崑崙（頭頂），此時，身隨勢向上長，閉息一下。

然後，龜指速向下剟（ㄉㄨㄛ）擊鐵砂袋。如此左右手按序練習，有意自然生力，呼吸亦會自然得法。

此功內外兼修，對物有透力粉體之功效。

練此功者，應備有活血散瘀、消炎止痛之方法。

●較 技

摳（ㄩㄡ），《現代漢語詞典》解釋為「從一側或一端托起沉重的物體」。摳桿，屬對陣較技功夫。

取七尺杉篙為活樁，有單人扶桿練習及兩人或三人的合練，其功用為摳為奪為擊，且互為用之。

第四章
奉學精技

拳式二法

　　道門盤技功夫——九宮八卦拳，歷代從學者，均承師輩身傳口授，拳學之精微奧妙處，必須心領神悟和不斷地鑽研勤習才能獲得。

　　今以圖文形式，將「青龍探爪」和「二龍盤飛」展現出來，為傳承學練之用。

●青龍探爪（青龍探爪軸身轉）

青龍探爪

　　此為九宮八卦拳的本源，其動作質樸簡潔，涵蓋拳技之精華。

> 拳技：乾卦含離卦。
>
> 歌曰：青龍真陽潛水中，翻浪升天靈自生。
> 　　　雲隱火現游莫測，神睛威爪探長空。

1. 潛龍初現

　　溜掌起手無極而生，樁、功同練可防可攻。此時，身面向南，掌起東南。（圖潛龍初現1）

　　初練時以靜生動，呈左掌在前、右掌稍後，兩掌相距一掌餘，先在腹前停留，之後起至胸高，眼神和氣息隨之，順腕前指。

潛龍初現1　　　　　　　潛龍初現2

　　起手要反覆習練，起、落次數最少要九九之數，快慢間作，逐漸掌握肩、肘、腕、掌的鬆活，做到伸縮自然，氣息與柔韌之勁路才能得到調整。（圖潛龍初現2）過去操功為負重練習，如手持青磚。

2. 青龍探爪

　　接著，前伸之手臂回收，彎臂垂肘沉腕，兩腿彎曲夾馬下蹲，同時，左腳內扣。

　　由潛龍初現2到青龍探爪1，按上面起手的要領反覆送、收，進一步掌握動勢。逐漸把握丹田呼吸與弓脊，神態自然，勁力含蓄。這段話說的是單操。

　　隨後，左腳捻地、腳尖外撇、足跟沿右小腿前升起到膝蓋前，與此同時身軸向左擰動。左前臂收曲，掌起高同胸，右後臂彎曲橫在胸前方，掌心對左肘。（圖青龍探爪2）

青龍探爪1　　　　　　青龍探爪2

軸身左轉帶掌探爪，到極點時自然踏落，由此擰轉力產生。乘此勁路把握緊身小步勢頭，使旋力不斷而形成周轉，先逆時針轉行數圈，而後變為順時針轉行。

行運至身面向南，臂掌由東南鬆落在小腹前，再雲起雙臂掌指向西南，此動為自然變身，接著，順時針行運數圈再連環變換轉向。此乾卦生，眼神相隨。

由於軸身行運受個人肩、胯尺幅的約束，兩腿盪移勢必形成弧線，在兩腳不斷尋位踏落時圈行在地。這個圈如太極，軸身行運八方合九宮八卦。轉行時，前手之肘，對下移行後腳足跟，即：肘向地，軸身旋。後手護前肘、肋，在不斷轉行時，前手掌彎扣如月升，後手按推如雲飄，故拳譜云：雲趕月，勢追風。

接續上面動作，身軸擰轉，左足踏落，前臂肘尖與右足跟上下相照，腰轉帶右腿、右足自然弧線行進，右足踏落，身面亦擰轉，此時，前臂肘尖與左足跟上下相照（圖

雲趕月，勢追風1　　　　　雲趕月，勢追風2

雲趕月，勢追風1～2）。為了方便讀者理解，拍攝兩張正面照片展現出來。行運時應各處觀察，神形兼備。

　　起手為溜掌；兩掌在小腹前一前一後，掌心均向內，留有一拳距，後掌指對前手腕。掌可上可下為溜，亦為留，可起可落，如月如雲。起手要反覆操作，體會變生之法。

盤技歌曰：天盤鬆，地盤定，人盤控。
　　　　　　人盤一擰動，地盤盪旋行，天盤雷雨風。
天盤鬆：入門初學者，肩、臂、掌要用意不用力。
地盤定：為樁，一旦得功，兩腿足盪旋行進，能產生
　　　　　踏入犁出、騰躍之技。
人盤控：腰胯合裏，脊骨扭動身軸有之，身體上下產
　　　　　生螺旋力，隨時日增長，內氣通達，筋骨肌
　　　　　腱自然得力。

易解拳式

由靜生動，從雙腳自然分開到起手的潛龍初現1，其式如「潛龍」，這時，應以「勿用」待動，故掌式為溜掌，要神安意靜，鬆順手指並沉腕向下，兩腳平開，穩穩當當。此形有龍潛隱，易卦為乾卦初九。

假設敵方在前，面對不動聲色的我，他不敢輕易進攻，因溜掌可進可退，不可捉摸，再加上我的腳步可以輕鬆移動，能使自己攻防自如。

潛龍初現2，比喻龍有真陽真火不懼深潭之水而升騰，拳學呼之為「遛掌」，即兩掌在下順腕而起並向左前上方弧線伸出，顯形如此，實則是加意開肩運肘而出現的向前遞掌。拳譜云：「起手要起、落九九之積數」，說明溜掌到遛掌的練習不是一下就成架，而是需要九九八十一動之多的反覆練習。勁道柔韌得體，眼神隨形。熟練之後動幅與頻率適己逐漸調整。

上面動作寓意「出潛離隱，起手要適時」。再者還要謹慎面對，時時警惕，妥善處理。

接下來的青龍探爪1，是兩肩放鬆、落肘合肋，雙掌回撤立起，掌心含空、攏指彎曲似龍爪抓收，腿屈坐、一足扣，此掌式拳學呼之為「留掌」，周身蓄力不懈。

腳步不動，雙手反覆操練起、收，如是青龍探爪。此動起手出掌要肩臂送力，抖腕撐指，而收手則是鬆肩、沉肘、坐腕、手指上揚。起、收手式之高低與所行弧線自然調整，速度的快慢與勁道的剛柔要適時變化，不可呆滯。

眼神隨形，呼吸自然舒順。

【此處含義】

雖處有利形勢，但仍需鬥智鬥勇，不可唐突行事，注意穩定心神，中正和順，離麗光明之態。

以上兩動均為單操，務必認真做來，練者需體會勁道、氣息的變化與身體鬆活、緊韌的程度。

隨後，斂足、拔腿、拐踝加上身軸左擰，成青龍探爪2，逐漸掌握動作的協調、輕巧，身手鬆緊得體，蓄勢待發。接下來的動作是：身軸擰力帶動腰胯開合，腿足自然尋位移踏，此旋力上身並有肩、肘、腕、掌的得氣得力，再有「雲趕月，勢追風」的意境，練家自有心神舒暢、氣力整合的態勢，同時，兩小臂一豎一橫滾力生成，肩、肘畫擺，氣行胸，氣貼背，順脊蹲身旋行勢如飛雲，數圈下來，沉臂落掌形似捲浪流水，又一往覆也。

此謂乾卦煉身，離卦修心。

可以成椿練習，體會武技含養生，養生有武技的功效。

●二龍盤飛（五龍紫眼蛇吐信）

二龍盤飛

由龍、蛇之形成式，拳勢變化亦隱亦現，勁路收放得體，架式緊湊連環。

> 拳技：坤卦含坎卦。
>
> 歌曰：縮骨展筋雲生風，威爪扎眼現蟄龍。
>
> 　　　銀蛇吐信纏絲柳，陰陽相摩首尾應。

1. 蟄龍再現

陰掌雙托，右下左上，兩掌勞宮穴相透，坤卦顯。
（圖蟄龍再現1）

左穿、右按，兩掌得勢，左臂角折肘垂，肘尖對右臂橫護之陽掌，眼神掃視右臂擰捲之掌。此時，腿自然彎曲，左足內扣，身軸著意左擰。（圖蟄龍再現2）

蟄龍再現1　　　　　蟄龍再現2

2. 五龍紮眼

軸身逆旋緊體小步，最多三步如風捲雲翻，兩臂起，右臂橫起滾小臂、亮陰掌，左臂下落，左掌緊隨停在右小臂外，掌心向外，腿足得勢屈坐。（圖五龍紮眼1）

不停，右掌右上圈弧並速垂肘，兩腿蹬力，成突現龍爪，掌心含空高對面部，左掌自然收按在右肘內。武技用法為五指抓敵之面部、眼、喉。眼神相隨。（圖五龍紮眼2）

五龍絲眼1　　　　　　　五龍絲眼2

3. 白蛇吐信

緊接著右手抓、扒、撕、拉，沉於腹前，同時，左手托升二指前穿。此動兩臂掌剛柔互補，慢中見快，眼神相隨。

適時頂膝更為緊湊，另有起腿飛足、旋鑽撲掌而擊之脆快操法，須漸悟而習。（圖白蛇吐信）

白蛇吐信

4. 銀蛇盤柳

身沉左轉變式似撲左腿，順勢內折單臂下按左掌，掌心向身後，右臂頂肘開掌停於胸口前，眼神隨撲腿按掌。（圖銀蛇盤柳1）

而後縮身緊抱，左手在右肩頭掌心朝外成抓掌，縮身

銀蛇盤柳1　　　　　　　銀蛇盤柳2

圓背，氣定人靜，眼向側視，同時，敏斂右足輕點在左足
內，成下蹲式靜收。（圖銀蛇盤柳2）

勢不可斷，緊接下式。

5. 蟄龍再現

開右腿滑足搖身抖展，此為兩肩開膀鬆活肩頭，雙臂
角折速頂兩肘，急收兩掌聚於胸腹前。（圖蟄龍再現1）

繼之軸身右旋，腿足、兩掌得力，滾背圓肘而起。此
時，身低臂掌垂沉，龍爪顯威，眼神相隨。（圖蟄龍再現
2）

再自然右旋待面向南時，收身而歸，隨後，接做兩手
陰掌雙托，反向行運之。如前面圖文所述，只是方向相
反。

蟄龍再現1　　　　　蟄龍再現2

易解拳式

蟄龍再現陰掌托抱，神態和煦，一掌由下向上翻捲而出，旋身坤步點移，加上雲掌滾臂撲擊，靈巧敏捷，似乎不動聲色，而五龍紮眼已至面前。此兩動連續行之，體會陰柔中有陽剛的勁勢。故曰：隨坤卦而生坎卦。

白蛇吐信架式有上、中、下三路出擊。銀蛇盤柳1，圖形有撲步與按掌，而八卦拳者，較為細膩，撲步是左腿向後與左足蹬踏而成。按掌是右掌內旋近胸捋摔與左肘撞頂並擺臂向下而成。

下面的銀蛇盤柳2，圖文所列雖然簡潔，但是，精煉之處已然顯現，所謂體用須長年累月鍛鍊。

謹記師訓：拳術言功不言著，圓中求法自生妙。

八卦綿掌

●童訓三式

道宗古拳遵傳載規矩，啟蒙教習入手有諸法，「童訓三式」為八卦綿掌初階練手，下面以提綱方式列出。

1. 軲轆錘

①環錘，②拋遞，③墜肘，④後撞，
⑤抖插，⑥彈展，⑦獨立，⑧頂心。

軲轆錘

以丹田、命門吸凸之功，做快、慢、剛、柔、彈、韌、展、納之形，逐漸獲得神妙之法。

2. 摸星星

①探起，②雲滑，③悠蕩。

摸星星

其功不緊不慢，腳步移動得神，自然尋星踏斗。

3. 捻捻轉

①平搓，②旋撥。

捻捻轉

運轉掌八卦，添陽補陰，三焦通順，諸疾祛除。且反轉撥擰開胸射肘與翻腕切手功夫可修。

以上動作形式，具豐富的武技養生功法，觀者思之。

●八卦綿掌

八卦綿掌，因其套路短、架小、緊湊，故　　八卦綿掌
常被呼為「小綿掌」。

其風格活潑大方，組式真樸，三字短句順口入心，十
六式演形充滿雅趣，俗稱此拳為「孩兒拳」。

十六式演形名稱

1.起揖禮	2.轉身封	3.軲轆錘
4.震腳崩	5.落蝙蝠	6.追流星
7.撥浪切	8.雷肘釘	9.猿搬枝
10.鶴翔空	11.四方炮	12.翻閃龍
13.旋抱月	14.帶馬行	15.抖雙鞭
16.叉手躬		

1. 起揖禮

開步，雙手在身前下方攏臂，右掌抱左拳，然後，式
起七星而行揖禮。（圖起揖禮1～2-1）

勢為抬頭炮、沖天炮，行拳文雅，武技應用突然行之。

亦可自然站立，歸中對拳在胸前。（圖起揖禮2-2）

隨後，腰身稍左轉，鬆肩沉臂運肘，自然開掌向左下
沉，身隨之，斂足下蹲，行女子萬福（蹲兒禮）。眼神隨
形。（圖起揖禮3）

起揖禮1　　　　　起揖禮2-1　　　　　起揖禮2-2

起揖禮3

可進退移步分別揖禮，練家體悟之。

【要點】

揖禮動作從容大方，禮節男女有別，揖禮起如沖炮，柔中有剛，用之並不顯現。蹲兒禮雲手捋帶自然。兩者沉臂運肘，拳技在於精巧。

2. 轉身封

軸身右轉，雲盪雙掌向西方封手。（圖轉身封1～2）適時開步。

【要點】

拳譜云：「腰脊為軸。」腰乃腰胯，此為人盤；脊為脊椎，脊椎是人體中軸，人身挺立、俯仰，腰身擰轉之力

轉身封1　　　　　　　轉身封2

度調整，全在腰胯與脊柱支配；軸為中，軸轉帶動筋骨而變換身架。由此做到身形飽滿，圓背環臂，氣順力貫。

「封」亦為「風」；「封手」之意為架勢嚴謹，「風手」之意為動作迅速，應用在腰胯、肩肘亦然，開式則遞及掌指。單操可以連環雲手，或進退連環雲手，高、低變化隨意。

3. 轱轆錘

掌變錘，圈轉如車轱轆，臂肘搖動、身脊弓展，單運一口氣，雙錘在身前鑽、翻、劈、砸，兩足踏實，身體起伏全在兩膝之彈。丹田呼吸自然有之。眼神隨形。（圖轱轆錘1～4）

【要點】

順時針圈錘，多向翻轉變化。

轱轆錘1

轱轆錘2　　　　轱轆錘3　　　　轱轆錘4

由車輪旋轉變化為「錦雞爭鬥」「二鬼掏心」，輪轉向前。

　　要參透要義，然後單操此式，亦可逆時針圈錘，熟練之後就可了解體用之法。

4. 震腳崩

震腳崩1

　　五圖示範，兩錘分落，腿足配合協調成式，眼神隨形。（圖震腳崩1～5）

【要點】

　　此動腳步移動輕靈，足、手齊擊麻俐脆快，精神立刻提起，震腳或踏足用之要巧、力度適宜。因恐文字敍述疊落不清，請仔細閱圖，更為清晰明瞭。

震腳崩2　　　　　　　　震腳崩3

震腳崩4　　　　　　　　震腳崩5

5. 落蝙蝠

　　輕巧移步，「麥穗拳」鑽起，合臂轉體插步（圖落蝙
蝠1～2）。隨後，兩臂掌左右分抹，身下蹲，兩腿盤根，
兩臂圓曲，兩掌向下分按。眼神隨形。（圖落蝙蝠3）

落蝙蝠1　　　　　落蝙蝠2　　　　　落蝙蝠3

【要點】

蝙蝠起輕落實，移步靠打，步眼轉換要靈巧，後背鬆展，掌心吐力。眼神隨形。

麥穗拳——中指、無名指、小指捲抵掌心，拇指肚推壓食指，此拳小兒自然捏之。

6. 追流星

起身挽臂空拳，進左弓小步，兩拳向左前方圈擊。（圖追流星1～2）

【要點】

移步要輕盈，圈錘要迅速。開肋閃背，圓肘運錘，氣脈合順，腰腎固力，眼神隨式。

7. 波浪切

兩掌相抵，轉動腰脊，帶動臂肘搖擺，形成兩掌撥、

 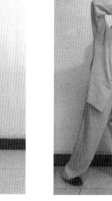

追流星1　　　　　　　　追流星2

旋、捻、搓，在身前全方位動作。（圖波浪切1～4）

【要點】

動作要舒展大方，如兒童玩耍波浪鼓，腰胯有開有合，身脊有轉有弓，兩掌順逆翻變推、擦、撥、切，兩臂似搖似擺。用點在肘，實用在掌。步有小弓、蹲襠、夾馬，沉穩行架。頭頸隨式變轉，眼亦隨之而視。細心領會「呼」「吸」之法度，此式掌動為運八卦轉九宮。

四動務必認真，單操體悟之。

波浪切1　　　　　　　　波浪切2

波浪切3　　　　　　　波浪切4

8. 雷肘釘

　　動右足，向右輕移開步。同時，兩小臂十字交疊，右手雷掌（五指屈折，掌心空含而露）。（圖雷肘釘1）

　　稍停，做兩小臂擰轉，兩肘左右釘射，上動同時帶及

雷肘釘1　　　　　　　雷肘釘2

兩足向右橫移，定式成騎馬步，頭隨勢右轉，眼視之。
（圖雷肘釘2）

【要點】

練此式要求以意帶力，培養靜中求動，動中求靜，應
用在臂、肘、掌、身、步。

9. 猿搬枝

擺臂探掌攀抓，再碾雙足，合胯抵膝，身架微蹲，兩
掌拉開成右托左壓，亦有擰力（圖猿搬枝1～2）。隨之，
變身左轉，右肩背弓展，右胯臀倚頂。此動帶兩臂掌，兩掌
抓捋從右肩前向身前東北之地，背貫而下（圖猿搬枝3），
眼神隨形。

單操可左右式變換練習，著意腿足進中。

【要點】

做這個動作心要靈，手要巧，變相自然，用力柔韌著

 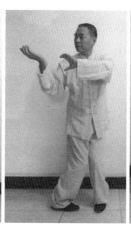 

猿搬枝1　　　　　猿搬枝2　　　　　猿搬枝3

實。本式變著甚多,練者細心體會。

10. 鶴翔空

合胯抵膝,腰身向右轉動,兩臂掌圈換。左掌起,右掌按於右胯前。(圖鶴翔空1)

待腰身轉到正南方時,變左腿承重,身鶴起,左掌速擊拍並落在右大腿面上。

同時,右掌向上穿升,停於頭右側上方,合拇指,收小指,其餘三指向天。

左腿自然伸立,右腿頂膝向前,成獨立步。眼看前方。(圖鶴翔空2)

【要點】

此動用掌在豁、用膝在頂,式有旋有升,如鶴翔空,自然大方。

鶴翔空1   鶴翔空2

11. 四方炮

踏落、移足、拐臂、橫拳（圖四方炮1），向左為緊門炮。（圖四方炮2）

向右擺臂擊拳，左拳追右肘，右小臂橫。兩足向右移動，右先左隨靠，此動為閃身炮。（圖四方炮3）

從側面圖（圖四方炮3側面）可見動作規範，左右輕身盪步，圓背行炮。

稍停，左足後移，同時，兩臂速動，右拳下落擊小腹，拳心向上，左拳順勢掏出向下劈落，身微低並有弓背縮腹之勢，眼神向前下方。拳式到位，右足稍向後拉移，呼之為坐地炮。（圖四方炮4）

稍停，左足向前跨出一大步，右足緊跟，身直立。同時，左臂圓屈向前上，左拳順勢擰轉由下向上鑽擊，拳心向裏，高在頭前。

四方炮1　　　　四方炮2　　　　四方炮3

 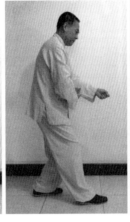 

四方炮3側面　　　　　四方炮4　　　　　　四方炮5

右臂亦橫起在胸前上位，右拳心向下，靠近左肘窩。身式展伸提起，眼看前方。此動為沖天炮。（圖四方炮5）

【要點】

此四方炮，腰胯動、身軸轉及脊背弓展，為勁力收發，所行拳路及方位要精準。

步移盪身十字，式行四方，快中有慢且穩重，練者細心琢磨。

12. 翻閃龍

起臂兩掌向上托天，身右轉。（圖翻閃龍1）

身體轉勢不停，身面隨之轉動，就在這時，一股伸展之力，由下而上經腰背傳兩臂到兩掌（圖翻閃龍2），接著兩臂掌及時向西下方摔撲，兩足順勢碾轉，隨之架勢落成縮身龍步（圖翻閃龍3）。

翻閃龍1

翻閃龍2

翻閃龍3

【要點】

此式腰胯要靈活，轉身閃變要自然，龍形式可高可低。臂掌伸展及摔撲勁力要柔韌，眼神隨勢。

13. 旋抱月

身起，兩臂掌升（圖旋抱月1），再逆時針搖動旋托右小臂及掌（圖旋抱月2）。

隨左轉身，兩掌拉搓成抱裹式。兩足碾動，右腿七分承重，左腿力支三分。含胸開背，兩臂圓，眼神隨掌動（圖旋抱月3～4）。

【要點】

旋抱動作要圓活，以腰胯左轉帶動身勢，落掌柔韌有餘，勁力收

旋抱月1

旋抱月 2

旋抱月 3

旋抱月 4

斂蓄發有度。逆時針在天，順時針落地，搖旋之掌視之有別。

14. 帶馬行

帶馬行 1

左小臂內翻，手掌向下，右手掌壓在左腕處，以其指力向胸中平帶，邊帶邊身擰，左肘向東畫，身面短時轉向南方（隱動圖像在心中）。（圖帶馬行 1）

不停，向左搖動腰胯身脊，其勢帶兩臂動，右掌推左腕，左臂柔畫，由身前向左運轉。隨之，起右腿右足，擦地運足如鐵牛犁地，漸而提足並向東方踢擊，隨後提膝轉身，橫足向下踏

| 帶馬行2 | 帶馬行3 | 帶馬行4 |

落。（圖帶馬行2～4）

這時，身停向北方，眼看西北，身蹲，兩膝有夾馬之狀，兩臂掌式如帶馬收韁。

【要點】

這個動作，兩手臂的翻、帶、雲（含兩肘滑頂）及兩腿足的趲踢收踏，皆在於腰胯及身脊的靈勁，用力要含蓄，氣勢要沉穩。

15. 抖雙鞭

用意身起，兩臂隨之拱托，右腿起頂膝（圖抖雙鞭1）。

緊接著，速向右後翻身蹦步，隨著右足踏落左腿頂膝而起（圖抖雙鞭2）。

身面由北轉向南方，在翻身落步

抖雙鞭1

抖雙鞭2　　　　　　　　抖雙鞭3

之剎那，兩手臂落，使小臂貫力疾快下抖，身蹲馬步，沉兩肩，反兩臂，兩掌圈指，掌心向後，氣沉、勢定、神安。眼視南方（圖抖雙鞭3）。

【要點】

腰胯及身脊帶形，起臂圓肘拱托，抖落雙臂，鬆肩沉氣，力貫臂掌。

16. 叉手躬

身起，收左腿，兩臂掌從下圓抄，隨之兩小臂向上十字交叉。（圖叉手躬1～2）

然後，兩小臂滑開，成或抱拳或對拳的揖躬式，此動可有形或無形。可以直接滑臂落下，移動腳步站立如初，兩掌自然垂於大腿兩側，面向正南方。（圖叉手躬3）

【要點】

鑽法自然，不緊不慢。移步歸位到起始處，腳步要靈

  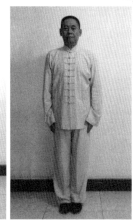

叉手躬1　　　　　　叉手躬2　　　　　　叉手躬3

活變換。

最後，寧神沉氣，為收。

按傳統，拳打兩遍，熟能生巧，逐漸掌握呼吸之法度、勁力之剛柔。變化技術和體用功夫全在其中，單操為妙。

道宗傳承武技拳路，操架熟後，再意變、神變，而後出新，非為一般架形變化，此為修煉也。

九宮十八手

九宮十八手按九宮方陣的排列順序連環練習，正身、翻身連練兩遍。轉行九宮似穿椿盤柱，架式高低穿梭翻轉，而且身手善變，腿法寓於四角。在長期的行拳體悟中，練者自然會熟能生巧、體用在身。

九宮十八手名稱

1.迎風揮扇	2.燕子銜泥	3.黑虎掏心
4.白馬蹴蹄	5.野熊蹭背	6.玄狐趕月
7.風擺荷葉	8.金猴墜枝	9.貓戲飛蝶
10.鬥雞擊翅	11.壁虎爬牆	12.猛虎推山
13.大蟒翻身	14.白蛇伏草	15.蜻蜓點水
16.宿鳥投林	17.獅子搖身	18.五龍扎眼

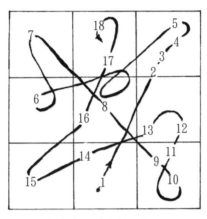

九宮十八手路數示意圖

1. 迎風揮扇

在 1 宮位站立，左腿開步，同時捲托插送右掌，左手相隨。接著，右足併步稍微蹲身，同時開扇斂掌，立在左胸前。稍停，進步滾臂雲肘，雙掌右推。（圖迎風揮扇 1～4）

【用法及要點】

腰脊為軸，左右閃掌有化有進，圓肘含蓄。

迎風揮扇1

迎風揮扇2

迎風揮扇3

迎風揮扇4

2. 燕子銜泥

連續小步向前移動，先旋托鑽進右掌，再兩臂交搓上穿左掌，眼神隨形。進2宮位。（圖燕子銜泥1～2）

【用法及要點】

閃進橫臂裹擊，兩臂掌出中入中，穿掌插斷敵之喉

燕子銜泥1　　　　　　　燕子銜泥2

頸，勁路綿韌，力道深透。

3. 黑虎掏心

進步插掌，高在胸中。（圖黑虎掏心）

【用法及要點】

五指齊插，破膻中入胸。進掌含有抓勁，或變拳頓擊。

4. 白馬蹶蹄

黑虎掏心

左轉研身，圈臂圓肘，到位時背身向西南，稍停，急速開左胯、小腿折合、足跟蹶踢，鬆肩扇臂，眼神自然。（圖白馬蹶蹄1～3）

【用法及要點】

速起腿足，兩肘釘射。

白馬蹴蹄1　　　　白馬蹴蹄2　　　　白馬蹴蹄3

5. 野熊蹭背

左腿鬆，向後踏足而落，兩臂收按的同時，身整體後拉以脊背靠之。式仍在2宮位。眼神自然。（圖野熊蹭背）

【用法及要點】

式要沉穩，前按掌、後背靠。

6. 玄狐趕月

野熊蹭背

左腿右後插步，兩掌壓按，身連續左轉並倒足移行，兩掌同時圈揉將身旋至3宮位。眼隨式動。（圖玄狐趕月1～3）

【用法及要點】

移步輕巧，盪臂圈揉旋身，起伏如飛輪。

玄狐趕月1　　　　玄狐趕月2　　　　玄狐趕月3

7. 風擺荷葉

接上動，右足前扣，兩掌隨翻，再向4宮移步，並右轉身，圓臂肘，隨後，速起右腿，兩臂掌順時針圈揉，足向東南。眼神隨形。（圖風擺荷葉1～3）

風擺荷葉1　　　　風擺荷葉2　　　　風擺荷葉3

【用法及要點】

雲臂揉掌自然，肘、膝巧用，開胯擺腿力遞閃足，身正式穩。

8. 金猴墜枝

接前式，右腿下落後踏蹲身後坐於中宮（5宮），兩肘後挫，兩掌抓捋收在腹前，眼視前下方。（圖金猴墜枝）

【用法及要點】

後撤身落步要輕靈，兩掌抓捋由高處墜下，兩肘得力後頂，兩小臂自然夾於腹側。

9.貓戲飛蝶

左轉身移步並起臂掌捋劈，進入6宮位。（圖貓戲飛蝶）

【用法及要點】

輕靈跨步入宮位，靠身畫肘要自然。

金猴墜枝　　　　　　　貓戲飛蝶

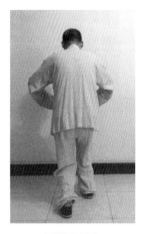

鬥雞擊翅1　　　　　　鬥雞擊翅2

10. 鬥雞擊翅

右轉身進步按下雷掌，然後，端臂頂肘起雷掌，同時，左腿抬起，稍停，突然扣下雷掌，同步向西北方蹬足。眼神向前。式在6宮位。（圖鬥雞擊翅1～2）

【用法及要點】

雷掌與蹬足勁道疾頓彈韌。雷掌為五指節彎曲、掌心空。

11. 壁虎爬牆

扣步右轉身，起左掌向右下抹，身正時起右掌向左下雲抹，此謂之爬。眼神相隨。式仍在6宮。（圖壁虎爬牆1～2）

【用法及要點】

兩臂順逆時針運臂爬掌，勢在升。肘垂畫臂摩兩肋，身脊自然搖轉。

壁虎爬牆1　　　　　　壁虎爬牆2

12. 猛虎推山

　　兩掌按下的同時身右轉，接著，進左足蹲身併步，兩掌對旋向前下方推出。眼掃視兩掌。式在7宮。（圖猛虎推山1～2）

猛虎推山1　　　　　　猛虎推山2

大蟒翻身1　　　　　大蟒翻身2　　　　　大蟒翻身3

【用法及要點】

兩掌旋推含有抱擠。

13. 大蟒翻身

移步左向螺旋運掌由大而小，停式時左手推起右肘使右手收在臉右側，上身稍向左斜。眼神隨形。式在7宮。

（圖大蟒翻身1～3）

【用法及要點】

移步與運掌配合協調。

14. 白蛇伏草

白蛇伏草

撲腿伏身，兩臂順式一線拉插，右掌背貼右腿，眼視右足前方。式向8宮行進。（圖白蛇伏草）

蜻蜓點水1　　　　　　蜻蜓點水2

【用法及要點】

撲腿、插掌自然俐索。

15. 蜻蜓點水

上步進入8宮，兩足併步蹲身，兩掌心向上收夾小腹。（圖蜻蜓點水1）

稍停，臂腿齊起，右足尖向前探點，兩臂展升並速翻兩掌，使掌心向下。眼視右足。（圖蜻蜓點水2）

【用法及要點】

拱臂點足同時，身可以稍向後仰，兩臂掌亦可配合後拉。

16. 宿鳥投林

收身抱拳、拐足，眼向右視。（圖宿鳥投林1）

然後，斜身側弓擺臂橫拳，朝向9宮行進。（圖宿鳥

宿鳥投林1   宿鳥投林2

投林2）

【用法及要點】

收身要穩，轉身及時，橫臂帶靠。

17. 獅子搖身

扣右拳帶搖臂，兩拳相對，繼續移步搖身、圈臂轉捶。搖身進入9宮，兩拳在身前相對，眼前視。（圖獅子搖身1～4）

【用法及要點】

搖身掏拳，轉身帶肘，步眼擦進，身鑽如獅搖。

18. 五龍紮眼

獅子搖身1

起腿轉身軸移步運掌，到9

獅子搖身2　　　　　獅子搖身3　　　　　獅子搖身4

宮時已然轉過身來，眼神隨形。（圖五龍紮眼1～5）

【用法及要點】

轉身掏掌，變身、紮眼一步到位為佳。

再接著做一遍，最後，巧妙收手如初式。下面照片略去，練者自習體悟。

五龍紮眼1　　　　　五龍紮眼2　　　　　五龍紮眼3

五龍紮眼4　　　　　　　五龍紮眼5

太極連環拳

太極連環拳

少年時，學練家傳武技，外學太極拳。

伯父知道後，給我精細講解了古太極拳功夫的修煉，使我受益匪淺。

1959年秋，我動心自創編練「太極連環拳」，遵原傳武技套路短小精練的特點，成式十八，可以連環演練。恩師也按本路拳法行功雲架，覺得順心合意，並說可以定形自習。

這套太極連環拳具有內外雙修、體用結合的效果，且善變化。今書寫添圖，以利後學。

拳路名稱

1.無極生有	2.獅子滾球	3.攬雀舒羽
4.金貓戲鼠	5.鷂子歸林	6.銀蛇伏草
7.童子挽弓	8.迎風展旗	9.蒼鷹落地
10.拐捶跪交	11.翻身進炮	12.盤步擺荷
13.左右穿梭	14.喜鵲蹬枝	15.七星指極
16.閃轉通臂	17.運丹護頂	18.掩心合手

1. 無極生有

先平心靜氣頤養精神，慢慢體悟微妙境地，再悠然起動，使之神入形顯。兩腿微蹲，先足跟後足尖做雙分足開架。（圖無極生有1～5）

【要點】

以意帶形，天地一線貫通身軸，自然會有膝頂膕舒之

動，兩臂肘折曲、鬆落，配合身體二度之升降，可培養丹田、命門之呼吸，使內氣運行、經脈暢通。成樁勤習，多體會靜、鬆在身之用。

無極生有1　　　　　無極生有2

無極生有3　　　　　無極生有4　　　　　無極生有5

2. 獅子滾球

　　腰脊為軸，身左右旋動並帶動手臂，兩手成抱球、揉球狀，兩腿彎曲隨勢變換，足有入地之感，練者要眼神隨形。（圖獅子滾球1～5）

獅子滾球1　　　　　獅子滾球2

【要點】

　　前兩式為「古太極功」，得其一，而知萬法也。心意足，身形出，拳式高低、動作大小極富變化，會放能收，剛柔一體。

獅子滾球3　　　　　獅子滾球4　　　　　獅子滾球5

3. 攬雀舒羽

神形合一。身軸動，手臂旋，掌分纏，肘頂墜。攬者，攔也；雀者，切也。拳法陰陽變化豐富。眼神隨形。（圖攬雀舒羽1～6）

攬雀舒羽1　　　　　攬雀舒羽2　　　　　攬雀舒羽3

攬雀舒羽4　　　　攬雀舒羽5　　　　攬雀舒羽6

【要點】

臂肘圓活，身手巧、細膩，動靜、快慢變化自然，勁路不斷。

4. 金貓戲鼠

金貓戲鼠1

先弓脊、沉臂、鬆掌，再提膝、翻旋兩掌，而後，腿足踏落並沉肘抓按雙掌，隨後，左腿足後蹬並施以兩掌捧推。眼神隨形。（圖金貓戲鼠1～4）

【要點】

輕靈換步與臂掌巧妙應用，勤練多悟，細膩之處耐人品味。

金貓戲鼠2　　　　金貓戲鼠5　　　　金貓戲鼠4

5. 鷂子歸林

峰回路轉。身左轉，不
覺中移步，身已變向，兩臂
裹抱，氣息自然。眼神隨
形。（圖鷂子歸林）

【要點】

身軸旋，步輕移，臂裹
拳空，脊背圓闊，靜息如宿
鳥入寂林。

鷂子歸林

6. 銀蛇伏草

回身擺臂纏抱，收左腿再進左步，開臂分掌，進而輕
移右步眼做旋揉探掌，眼神隨形。（圖銀蛇伏草1～3）

左右連環做來，要領同前。繼而身軸捲臂，步輕式

銀蛇伏草1　　　　銀蛇伏草2　　　　銀蛇伏草3

銀蛇伏草4　　　　銀蛇伏草5　　　　銀蛇伏草6

巧，勁道纏綿。反覆操練，熟能生巧。（圖銀蛇伏草4～
6）

【要點】

身軸捲臂，先合後開，再以掌臂帶身。

7. 童子挽弓

腰轉臂膀開，左足進，兩掌撐拉含蓄，腳步自然到位。眼向前視。（圖童子挽弓）

【要點】

轉換自然，勁道沉穩，丹田吸。

童子挽弓

8. 迎風展旗

起掌托、擺、翻、抹，帶身順時針轉動，步眼自然移動。（圖迎風展旗1～4）

【要點】

引巽風，軸身揮擺臂肘，身擰自然，換掌連綿，形開合大方、細膩。

迎風展旗1 　　　　迎風展旗2 　　　　迎風展旗3

迎風展旗4 　　　　　蒼鷹落地

9. 蒼鷹落地

順式蹲身分按雙掌，眼神自然。（圖蒼鷹落地）

【要點】

順脊開膀臂，發掌入地。形定神凝，調養氣息。

拐捶跪交1　　　　　拐捶跪交2　　　　　拐捶跪交3

10. 拐捶跪交

起身，收掌成空拳，對向神闕，並迅速頂左膝，緊收左小腿，用足跟躧之。（圖拐捶跪交1）

落左步備拳，拐行跪膝，栽捶擊打，眼神隨形。（圖拐捶跪交2～3）

【要點】

連環迅疾，身開合有度，應用膝、足、肘、捶。

11. 翻身進炮

右翻身帶臂肘，搖旋變身，兩拳頻出如炮，步眼踏實，眼神隨形。（圖翻身進炮1～5）

見五圖，移動腳步，安穩踏實。

【要點】

神意要足，式奇正相生。

翻身進炮1　　　　　翻身進炮2

翻身進炮3　　　　翻身進炮4　　　　翻身進炮5

12. 盤步擺荷

輕巧移步，盤坐自然，眼隨左右雲掌。（圖盤步擺荷
1～3）

【要點】放鬆臂掌，以意帶形，掌握先盤後坐。

盤步擺荷1　　　　盤步擺荷2　　　　盤步擺荷3

13. 左右穿梭

雖穿梭為運動臂掌，但此動之完成全賴腰身巧妙旋轉，移步要輕盈。（圖左右穿梭1～5）

見圖細察，雲臂搖身如龜，腿足先左後右自然變換。

左右穿梭1　　　　左右穿梭2　　　　左右穿梭3

左右穿梭4　　　　　　左右穿梭5

【要點】

　　勢如穿梭，巧妙運肘推掌，拳法細膩，眼神隨身動而變。熟練後，再運行八方，四隅穿梭。

14. 喜鵲蹬枝

喜鵲蹬枝1

　　左回身輕落步，兩掌迅即抓挌，空拳護神闕，再滾雙臂，分撲雙掌，同時提右膝蹬腿。眼神隨形。（圖喜鵲蹬枝1～3）

　　【要點】

　　靜、動自然，出其不意，開門見山，可用膝、足。

喜鵲蹬枝2　　　　　喜鵲蹬枝3

15. 七星指極

撖身落右步，緊體掩右臂，抓拳向北並擔左拳，成十字錘。眼神隨形。（圖七星指極）

【要點】

臂裹背圓，合膝剪腿，丹田合命門。

七星指極

16. 閃轉通臂

回身變步，轉臂起掌，並迅疾外揮，再開步叉臂雙托，隨後，閃臂開掌，眼神隨形。（圖閃轉通臂1～4）

閃轉通臂1

閃轉通臂2

閃轉通臂3

閃轉通臂4

【要點】

右臂二度開展，一揮二閃，巧妙用肘，臂掌開合到位。

17. 運丹護頂

兩手捧抱丹田，托至膻中，再沉海底，如此二度，後起掌護頂。（圖運丹護頂1～4）

【要點】

天地一軸，靜動有為，可單操之。

運丹護頂1

運丹護頂2

運丹護頂3

運丹護頂4

18. 掩心合手

翻雙掌托天，畫運太極圈，畫一大圓，式緩且慢，而後十字交臂掩心。（圖掩心合手1～4）

此時，兩臂掌近胸，但要留空，神態自然。

掩心合手1

掩心合手2

掩心合手3

掩心合手4

　　接下來，兩掌自然疊加，右上左下，勞宮穴相吸，虛合手。鬆靜後，旋揉兩掌落下，立身合太極。（圖掩心合手5～8）

【要點】

　　托天抄地，妙轉太極圈，由動而靜陰陽相合。

掩心合手5

掩心合手6

掩心合手7

掩心合手8

太極連環拳拳譜言簡意賅，內涵豐富，只要按圖之指示，式子單操，拳路連環均可。本譜為學練者留有空間，式雖二九，但勤練至熟可以生變。

秘授倒轉

秘授倒轉是九宮八卦拳的獨特操功技藝，歷來不外傳，只有對正式拜師遞帖，且拳技精熟者，師體察徒軸身功夫在身，才能身傳口授。

此藝以意帶形，以形煉身，以身養心，以心悟道。內容如下。

（1）靈龜浮水：翻轉折合之功。

（2）遊蛇翻捲：首尾相助之能。

（3）雲龍盤柱：潛升旋纏之技。

第五章
器械練習

武學器械簡介

　　九宮八卦拳系兵刃，原傳有一套刀技——八卦纏身刀。所用之刀較長且重，過去常叫它功夫大刀。

　　八卦斷魂槍，是左把馬步戰槍，演化為陸戰槍術，槍桿同練。

　　八卦純陽劍，演化為長袍劍，內含雙手劍技與左手劍法，用法獨特。

長袍

　　先師口授獨門兵器——空星棒和乾坤棒，雙手持用。近年心手雕琢，製出空星棒一對。後又改良製成袖珍手刃——空星刺，並寫就了空星刺譜。雖然此技藝是武技小式，但是可以將其變化應用。同時，空星刺也是一件得心應手的保健按摩器具。

　　數年前創製乾坤棒器具，設計美觀大方，自然、實

空星刺

乾坤棒演示

用，而且具有工藝品位，開發了武術套路及健身方法。

八卦纏身刀

九宮八卦拳係兵刃操練，拳、刀技藝相通。這趟刀式少而架緊，其動作內容較豐富，結構合理，舒展大方，風格獨特，其身手皆八卦拳術。

有歌曰：
刀路追形，隨轉隨變，腰脊為軸，身翻步盤，
刀旋裹體，膝胯肘肩，游龍戲水，霧騰雲捲，
內外合一，剛柔急緩。

所操之刀較長，根據練習者身量定製，一般為刀尖立

地，刀把同常人胸至肩高，刀重6斤以上。

刀法有：穿、刺、劈、斬、掛、掃、撩、鑽、挑、推、切、砍等。八卦刀術的一個動作蘊含幾種刀法，且變化莫測。

恩師楊子君（伯父）傳授的八卦纏身刀，演練時按天圓地方在三尺之地完成，至純熟能在八仙桌上旋身盤刀，一氣呵成！

套路名稱

起	1.童子掛簾	2.鞭催雙馬
3.雁落碧湖	4.潛龍飛升	5.黑熊推山
6.尋星探斗	7.白蛇伏草	8.蒼鷹縛兔
9.雀鷹翔空	10.盤蟒展身	11.烏龍汲水
12.勒馬問津	13.梅鹿抵角	14.撥雲見日
15.伯勞貫翅	16.壁虎吊尾	17.青龍舞爪
18.玄狐趕月	19.猛虎出山	20.鷂子翻身
21.懷中取珠	22.乾坤旋轉	收

●動作要領

起

面向南方，兩足稍開，自然站立。右手持刀，右臂自然前伸，使臂刀一線，刀刃向下，刀尖稍離地面。眼掃視大刀。此為持刀起式。（圖持刀起式）

| 持刀起式 | 童子掛簾 | 鞭催雙馬1 |

【要點】

身體放鬆，精神貫注，氣沉丹田，氣順力達刀尖。

1. 童子掛簾

右腿移動，向右側開步，刀尖向地，隨身向前轉動右腕，將刀刃左旋向前，成偏向左前的吊刀式。同時左臂彎曲，左掌心朝外附在刀背裏側護手下半尺餘，成推刀式，刀垂吊掛在身體前正中位。（圖童子掛簾）

【要點】

轉腕頂肘展臂，虎口圈力，掌心含空，移形提吊大刀要自然，與左臂掌滑推協調一致，力要運到刀刃和刀尖。

2. 鞭催雙馬

持刀式不動，上左步，左足尖盡力外展，落步向東，足尖在刀體內，此時右臂持刀起動，將刀上提，左小臂外緣滑貼刀背不離，身向左轉，緩緩起刀上挑，刀刃向上。

鞭催雙馬2

鞭催雙馬3

鞭催雙馬4

鞭催雙馬5

（圖鞭催雙馬1）

兩臂運刀過頭，使刀背在肩背上，此時左臂掌自然離開刀，刀刃朝身後。左臂沿刀背向左開，右手持刀，刀背貼背，轉頸摩右肩，起動右步前行並左轉身。（圖鞭催雙馬2）

隨右手持大刀在後背抽拉向前旋帶平斬之力，帶身左轉並扣右足，兩臂亦自然圈向身前。（圖鞭催雙馬3）

同時，左足自然隨身碾轉並形成兩足內扣，兩膝向內，使身體朝西，左掌附在刀柄上相助，向左肩前拉刀，刀體稍垂，刀刃朝外，大刀旋身將近一周。（圖鞭催雙馬4）

略停，上右步右轉身，隨身同時推大刀向右肩圓轉。（圖鞭催雙馬5）

借右轉勢，帶動左腿，左足弧線掃扣，與右足相對，兩膝向內，身面朝南，由前式隨身刀轉大半周，兩手持刀

狀如前動，大刀轉推，刀尖向身後刺。（圖鞭催雙馬6）

【要點】

以腰為軸，丹田之氣為動力，轉身旋刀如揚鞭，式要舒展，身旋步移，左顧右盼，力傳刀刃刀尖，遊刃自如。

鞭催雙馬6

3. 雁落碧湖

盡力左轉腰身，順式領刀向左上東北方向，刀上提，刀身（刀）斜向東南，左手扶刀柄，身左旋，右胯下坐，兩膝相抵，右腿吃重。（圖雁落碧湖1）

左轉腰身之力不斷，接著動左腿，左足盡力外展落步，並漸轉刀刃斜向上，使刀背倚右臂，左掌領刀左轉。隨身左轉，兩足自然移步，成右足向前點步，大刀隨身轉向西方。（圖雁落碧湖2）

雁落碧湖1

左足落實，右足向左足外朝西落步，使身擰轉。這時，刀刃已轉向上，刀斜向上，刀尖向後。左手領式在頭前偏上方。

接著，左掌虎口托夾刀柄，同時伸

雁落碧湖2

雁落碧湖3

腰拱背，臂向上向前，不停，雙手快速收力緊握刀柄，並沉肩垂肘壓腕，刀從右側起，經上空向西南下方劈出。與此同時身後縮，兩腿彎曲，左腿後坐承重。眼看刀身。（圖雁落碧湖3）

【要點】

轉身要緊，落點準確，刀路自然，腰轉背伸，順勢下劈刀，要舒展自然，丹田先呼後吸。

4. 潛龍飛升

潛龍飛升1

右足移步落向南方稍扣，使足尖向東，右手持刀暫不動。左掌離開刀柄，向東南圓臂撐出，掌心向外，拇指朝下，掌與頭齊。眼看南方。（圖潛龍飛升1）

蠕進身形，右手刀向前下刺並向上豁挑，右腿吃重。左臂掌再開向左外上推撐。（圖潛龍飛升2）

不停，刀從下往上，刀刃向上走弧線，經頭頂空中畫向西北左側下方，同時，左折腰側弓身展右肋，由兩足微動變成左弓步，左腿承重，身微前傾。刀起立圓反轉弧圈，左掌自然相隨在刀近處，刀向右後刺，成背插式。此動兩腿為先右後左，變身弓步。眼隨刀轉。（圖潛龍飛升

潛龍飛升2

潛龍飛升3

潛龍飛升4

3～4）

【要點】

蠕進持刀盡量走低前刺，起身展臂上挑，刀到身變，弧線要大、要舒展。背插後刺要含胸，兩肩內扣，兩臂圓撐向下，丹田命門相吸，身前傾。

5. 黑熊推山

黑熊推山1

起身右轉，吊肘轉腕上提刀，轉刀刃向外，回身向正南，碾順右足，左足上併齊，左掌推刀背，兩臂屈，刀與胸口齊。再右轉身向西，雙手持刀隨轉身並上右足，弓步向前平推刀。眼看西方。（圖黑熊推山1～2）

【要點】

要沉穩，意在刀刃。

黑熊推山2

尋星探斗1

6. 尋星探斗

保持推刀狀，小步左轉一周，並漸漸將刀推起，斜在身前，之後外展左腳尖向南，再上右腳，扣過左腳，轉身向東。（圖尋星探斗1）

不停，拔左腳（**此為掏步**）向東北方進一步，右腳跟進，併步立身，此時刀向左上方斜向鑽出，刀刃朝外，刀尖向上。眼看東北方上舉之刀。（圖尋星探斗2）

【要點】

轉身進步如踏雲鑽刀入空，掏步要自然輕鬆，身體不可忽高忽低，掌握恰到好處。兩腿自然直立，身向上探，右臂屈小臂與刀成一線斜向上，左臂自然伸直，手掌扶刀背。

尋星探斗2

7. 白蛇伏草

右腿向西南方橫開一步，左腿緊跟，兩足自然併齊，雙膝屈坐身下蹲，同時刀從上抽至身前，左掌順握刀柄，右手持刀下拉，使大刀垂立在身前，刀刃向西南直立，身朝西南方，眼看刀尖。（圖白蛇伏草）

白蛇伏草

【要點】

以身帶刀協調平穩，功中的抽拉含有刀的推、切之法，亦可變為斬刀。上身要正。

8. 蒼鷹縛兔

起身，右足不動，左腿向東開，左足落步，身向南的同時，隨身順式拉刀向東側撩出，外旋右小臂上提，虎口夾刀，刀刃向東。隨刀動左掌轉推刀柄，手心向外，高與頭齊。（圖蒼鷹縛兔1）

蒼鷹縛兔1

接著，右手著力握刀，使刀刃上挑並向左後斬，左掌自然相隨。刀在下落時轉刀刃向身外，同時左掌離刀，抬左臂肘，刀身即落於上面，右手自然握刀柄，在身前稍高，刀身後垂。左掌在刀內，掌外緣附推刀背，掌心向前，左腿收向右腿，身體微蹲。（圖蒼鷹縛兔2）

蒼鷹縛兔2

再內轉刀刃、刀背貼左臂，以意引動，腰力遞身上背，走左臂肘，並以此為點速將刀頂起。同時起右腿向西南方跨步，左足緊跟。雙手緊握刀柄也向此方向掄劈。同時雙腿屈膝，身體下蹲。眼隨刀動。（圖蒼鷹縛兔3）

蒼鷹縛兔3

雀鷹翔空1

雀鷹翔空2

雀鷹翔空3

【要點】

起身右臂摩肋，反腕上提刀側砍，右掌指卡刀柄、手心含空，左掌心推刀柄助力，轉刃背刀要快，雙手劈刀意力要遠。

9. 雀鷹翔空

起身，右足不動，左腿向東開一步，拉刀撐轉，刀刃向東，反右臂起刀上提，刀尖下垂，右手與肩同高，向左外格，左掌自然分開，在刀內前推，但不觸刀，身向南方。（圖雀鷹翔空1）

略停，上撩拉刀，左小臂倚刀背助力，從左側托刀向頭頂盤，同時向後微仰身，右手持刀轉臂，刀刃在外，向左後轉，然後再向前，在頭頂上片旋。頭頂刀旋之時，左臂起，小臂及掌旋揉刀背不離。（圖雀鷹翔空2）

隨後雙手把刀拉在身體左側面向東，刀刃轉向前上方。眼隨刀動。（圖雀鷹翔空3）

【要點】

起身提刀，手握緊刀柄上提，在頭頂盤雲，右手刀旋，左臂掌揉刀背不離，上下翻飛，仰身要適度。

10. 盤蟒展身

步不動，向左盡力轉腰裏臂，雙手持刀轉刀刃向身體左後下壓切，此時屈膝下蹲，身向北。（圖盤蟒展身1）復右轉腰身向南，右足微動，同時蠕展身起，雙臂上抬至頭頂把刀托起，不停，兩手開，左掌在頭頂上撐，右手持刀向右下畫劈並自然轉刀刃，身體微向右斜，同時，右腿彎曲獨立承重，左腿收足背貼右後腿彎處。眼看刀。（圖盤蟒展身2）

盤蟒展身1

【要點】

以腰為軸，身體蜷曲再蠕伸，舉臂托刀，腰背轉動成「S」形螺旋，右腿彎曲承重，塌腰沉氣。

盤蟒展身2

11. 烏龍汲水

身體下蹲，左足向右足後插，同時右手轉腕刀近地掃抄，左掌自然隨勢在身前左上方。（圖烏龍汲水1）

接著，向左轉身，雙足研地，成身面向東，此時掃刀轉刃，轉腕起刀上提，左手隨勢領刀。（圖烏龍汲水2）

烏龍汲水1

烏龍汲水2　　　　烏龍汲水3　　　　烏龍汲水4

烏龍汲水5

接著，再向左轉身使身面朝北，壓腕揚刀使刀尖向上，左手靠近刀背。（圖烏龍汲水3）

接著，向左偏後側切刀，左掌壓刀背助力，身體微向下，再微進右足前擦，並將刀向身前推拉。（圖烏龍汲水4）

接著，右手臂由拉刀轉為撩刀並上提，左手倚刀背，右腿彎曲獨立承重，左腿屈膝，足跟向前橫踢，刀垂在身體左前，右手持刀與頭齊，刀刃朝外，動作要自然，刀隨身變，眼看東方。（圖烏龍汲水5）

【要點】

左足後插，成盤步時刀即轉刃下抄，身整力左轉身180°，要貼地掃刀，刀貼身而起，壓腕轉體前擦右足及撩刀，右腿獨立，左足橫踢要同時、自然。

勒馬問津1　　　　　　勒馬問津2　　　　　　勒馬問津3

12. 勒馬問津

勒馬問津4

　　手持刀不動，轉腰身盡力向左，右腿彎曲身向下，並外展左膝，左足尋路向左後踏，腳落向東北方（圖勒馬問津1為背面），接著再盡力轉腰，向左提右足，向西北落步（圖勒馬問津2）。

　　身左轉力不斷，再起左腿向西，落足定位面轉向南（圖勒馬問津3），並速轉右腕使刀在身前起向上、向右下橫劈，身隨刀動轉向正南。左掌上推至頭頂，兩腿屈蹲成馬步，身體朝南，面朝西。眼看下劈刀。（圖勒馬問津4）

　　【要點】

　　外展左膝，左足尋路，右腿不動，盡力左轉腰身，到極處時，看準方位再落左足。再起落右、左足，到位共3步，即轉體、移形、步落三點呈三角形。

梅鹿抵角1

梅鹿抵角2

撥雲見日1

13. 梅鹿抵角

右手刀從右下挑起畫空（圖梅鹿抵角1）。再弧線向左側滑垂，刀刃在外，刀尖向下刺，同時速收左腿，兩足併齊，兩腿自然伸直，並展右側腰身成弓狀，左掌向左橫推刀背，面向東南方。眼隨刀勢。（圖梅鹿抵角2）

【要點】

步併齊，兩腿自然伸直，上身向左側彎，展右側腰身，右臂成弓狀。

14. 撥雲見日

右後轉腰，使右腿自然後移，隨之閃身後仰，兩手相隨，刀從左側起，抽拉向頭頂，再展右臂使刀向右後，此時左掌自然貼刀背。（圖撥雲見日1）

不停，研右肘翻右腕，轉刀刃向右外，刀柄向身前上提頂，左掌扶刀柄，刀刃斜向上，刀體微垂，呈身起向左前雙手帶刀，左腿向前進步頂膝，身微前傾向南。眼看南方。（圖撥雲見日2）

【要點】

腰脊為動力，閃身後仰，起刀格架，再起身帶刀，為先開後合。

15. 伯勞貫翅

接上式，刀向右後盡力畫穿，同時收左腳於右腳內，右腿承重，成擰身轉體式。腰脊蠕動，先展後收，力傳膀臂，將刀從右後盪起。然後，向東上左足，右足緊跟併步下蹲，與此同時，雙臂用力向左前東南方壓腕下砍。眼看下砍刀。（圖伯勞貫翅）

【要點】

腰脊蠕動展收得體，蓄力盪發，兩足移動均為擦步，刀法為先穿後劈，勁力為先柔後剛。

16. 壁虎吊尾

向南進左足橫步，與右足成「丁」字形，兩膝彎曲相抵，右手旋拉提刀在身體左側偏後，刀柄尾與頭齊，刀刃向東，刀尖下垂。左轉腰身向南，縮左腰胯，展右肋，翻右臂，左臂曲，左肘貼刀背，左掌在刀內向外推。眼看東方。（圖壁虎吊尾）

撥雲見日2

伯勞貫翅

壁虎吊尾

青龍舞爪1

青龍舞爪2

青龍舞爪3

青龍舞爪4

【要點】

腰身左轉，以刀領勢，展右肋，縮左肋，頭尾相顧，刀垂在身後，刀尖指向兩足跟之間。

17. 青龍舞爪

右轉腰身刀隨身動，刀背摩左臂，上帶推刀向西，在雲推到西北方時（緩緩）壓刀。（圖青龍舞爪1）

刀柄在右胯前翻轉上提，刀垂右臂後，使刀刃向身後，停於右肩背後成背刀式。（圖青龍舞爪2）

腰身右旋力不斷，在向右轉過程中，刀在背後從右肩向左肩滑轉，刀亦從背後提帶向前下斜削，與此同時起右腿，橫足拔提向西北。

刀身平，停在身前，呈向東方左手推刀背。眼看刀。

（圖青龍舞爪3及其正身前面圖青龍舞爪4）

玄狐趕月1　　　　玄狐趕月2　　　　玄狐趕月3

【要點】

此式身轉刀變，兩腿彎曲、兩膝相摩相抵，順時針轉圈旋刀，刀貼身上下翻飛，轉圈緊而小，不可停頓。眼隨刀轉。

18. 玄狐趕月

腰身右旋不停，自然落右腿並隨勢推刀行步，如天地旋轉。推刀旋身朝向南方，兩臂要圓，含胸闊背，低身緊步，順時針轉圈。眼隨刀轉。請看圖玄狐趕月1落步時的正身前面圖和連續動作。（圖玄狐趕月2～3）。

【要點】

低身緊步小圈轉刀，掌握好落右腿和推刀的節拍，旋身推刀配合得體，使刀法亦推亦斬、緊中有放。

19. 猛虎出山

行步身向南方時，左足落步，隨身右轉，右手持刀下壓，使刀身上起，到向西時刀直立，刀刃向外（西）。

猛虎出山1　　　　　猛虎出山2　　　　　鷂子翻身1

鷂子翻身2

（圖猛虎出山1）

進右步，身微前傾，左臂圓扇開，右手持刀向西方推出並有向下沉壓之勢。眼隨刀向西看去。（圖猛虎出山2）

【要點】

起身落步推刀要穩、準。

20. 鷂子翻身

起身兩臂搖動，把刀托起，刀刃向上，左腿向右腿後插步，足掌著地，身體從西轉向南。（圖鷂子翻身1）

不停，碾動兩足使身急轉向東、向北，與此同時，刀隨身動，畫空行立圓，將刀從上垂下（圖鷂子翻身2），左掌領刀，但不可觸刀。

【要點】

插步翻身180°，刀隨形，動作協調統一。

21. 懷中取珠

與上動緊密關聯。

然後，右臂沉並轉右腕旋刀，刀柄貼右肋，將刀運在腹前，刀刃向外，兩腿彎曲微蹲，左臂圓掌橫向外推。眼看東北方。（圖懷中取珠1）

懷中取珠1

緊接上動，拱背縮腹，轉右臂翻刀，刀柄向腹部畫推，沿左胸再向左上提拉，刀體平，刀刃向外朝東。此時向北出左足側弓步，左掌扶護手。眼看東方。（圖懷中取珠2）

【要點】

拱背縮腹滑推刀柄，刀刃旋中有切。

懷中取珠2

22. 乾坤旋轉

右轉腰身，右腕送刀，左掌推刀柄尾部，使刀刃及刀尖向身右後穿，自然帶起右足，沿順時針轉動，小臂推刀，使刀立起。（圖乾坤旋轉1）

左掌也隨轉圈隨放鬆，自然離開，要自然圓滑，在轉到東方時落左足，並隨轉勢閃身讓刀，使刀推至身體左側。此時右腕微扣，刀刃向東，刀體貼近左

乾坤旋轉1

乾坤旋轉2　　　　　乾坤旋轉3　　　　　乾坤旋轉4

臂。眼看東南方。（圖乾坤旋轉2）

　　右轉身不停，並將刀由上走平（圖乾坤旋轉3），再向下，刀隨身旋動一周，此時，左手向外展開，刀尖向下，身向東南。（圖乾坤旋轉4）目光隨刀。

　　【要點】

　　閃身讓刀如雲過月露，轉圈平穩如水上行舟。

收

　　　　　　反右小臂向上提掛大刀，再旋右腕，使刀身與右臂一線，並收右足，左掌上提在頭左側，眼視前下方之大刀（圖收）。最後，再將左手臂垂下，與起式相同（圖略）。

　　【要點】

　　身體放鬆，氣沉丹田。收式與前面的起式對應。

收

●説 明

此路刀練完一遍的收式與開始的起式的動作一樣，接著可以再練一遍，即連環操練。刀法以文敘述加圖像配合，練者參閱之，逐漸掌握刀式變化以及架式高低和速度快慢的變化，體驗隨形運刀的方位及纏旋的微妙變化。領會拳腳功夫的靈活運用，提高自己的功夫境界。

益身乾坤棒

●乾坤棒簡介

乾坤棒是九宮八卦拳系獨門兵器之一，棒身為正四方錐體（或螺旋正四方錐體），端頭有五個尖，握把為圓錐（截頂圓錐體），尾墩為四棱錐體，金屬製。

新設計的乾坤棒是對稱形狀，硬木製，兩頭圓墩，墩前握把仍為圓錐，加工斜度2°16'，或木旋手擀，所得曲線更為合手，握把前有卦環，中段為圓柱體。

圓墩R40合掌心，未注尺寸R大約為10毫米，其R與R40相貫接，要自然光滑，圓墩成型須基本符合圖樣。

凸R六環象徵乾、坤卦象，現在使用都無需刻、畫，如若需要，可在六環圓周上只刻一通槽，兩端呈180°刻製，或按上法畫線，以分乾、坤卦象。

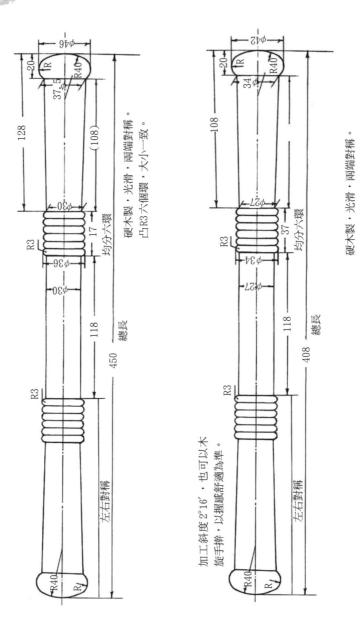

兩種制式的乾坤棒（單位：毫米）

　　整體長度相當於常人肩寬，其式樣美觀、大方、自然、實用，而且具有工藝品位。

　　練家可根據身量高低變更尺寸，按比例增加與縮減為好。

　　根據九宮八卦拳學，並集多年拳技之精粹，筆者首創乾坤棒器械及其功夫兼養生的規範動作。

　　其一，隨心乾坤棒為武術套路，是應用乾坤棒做單手或雙手持棒的動作，以其特有的長度，形成擰、旋、轉、穿、摩、滑、滾、壓、劈、格、搗、沖、豁等技法。套路動作編排緊湊合理，並且具有變化的空間。

　　它適合不同年齡的人練習，有喜愛此武術文化者，只要按照要領認真練習，就可以在很短的時日內熟悉這套動作。

　　其二，益身乾坤棒為健身單式操練，下面著重介紹之。

　　益身乾坤棒來源於隨心乾坤棒套路，從中汲取9個單式改編而成，具有祛病養生、促進健康的效果。功法易學易練，同時，又可作為乾坤棒傳統武藝技擊之熱身。根據乾坤棒武術運動和器具的特點，以及經絡健身的精華，應用乾坤棒在身體的頭、手、臂、腰、腿、足部位，以及不易活動的部位，如腋窩、肘窩、肋部、胸口、膕窩、小腿肚、足跟腱等處，以點、線、面的手法循經運棒，以乾坤棒特有的長度做兩手臂的擰、旋、轉、穿、摩、滑、滾、壓，來活動關節、腰身，摩擦穴位，疏通經絡，使肌骨筋脈得以活動並增強其功能。

　　動作中以意引力，乾坤棒在兩手間輕鬆揉轉，隨身搖圓及使棒體軸線圓轉變化，動作富有節奏。活動量雖然不

大，但有增加肌肉、減少脂肪的效果，可促進體內血氣循環，有利於消除栓塞、瘀滯。運動後，練習者會感到周身輕鬆，心情愉悅。

益身乾坤棒動作名稱

1.立杆舉旗	2.獅子滾球	3.二虎攔路
4.巧女紉針	5.白馬回頭	6.梅鹿伏草
7.搖轉玉柱	8.神龜臥沙	9.金帶纏腰

●動作要領

益身乾坤棒

1. 立桿舉旗

由靜而動，式含立桿與舉旗，下面為立桿圖。

開步站立（寬如肩、胯），左手握乾坤棒中段，接著起棒，右手合抱在胸前，稍定神，加意身軸頂天立地，隨後，加意引棒向地，再慢慢升起向上，如此兩度。眼神隨形。（圖立桿舉旗1～3）

練家此時構思「乾坤大桿」直入天地，人亦頂天立地，身軸由意而生，而且得體鬆神安之妙法，亦有順項提頂，下頦內收，兩目得神之態。（圖立桿舉旗4～6）

這時，意念引導，兩手逐漸加力相互擰棒，有爭有裹，力度全在腕、掌、指的協調，內擰近胸距約半尺，腕突肘頂小臂平齊，鼻深吸氣脊背圓闊。

略停，雙手反向擰推送，手腕內側著力，以柔韌內含

立桿舉旗1

立桿舉旗2

立桿舉旗3

立桿舉旗4

立桿舉旗5

立桿舉旗6

之力兩臂前伸，成夾臂、攏肩、擠胸的形態。

　　隨動作以鼻呼氣，此時，呼氣要比吸氣時間稍長，這樣，有利於胸中濁氣排出，促進新陳代謝。

　　行功日久，呼氣得法，練家不必念及呼吸與動作的配合，而丹田「呼吸」自然有之。

　　出棒到位時，自有足趾著力，足心含空，足跟觸地有似離非離之感，有養腎益精之功用。

【要點】

動作勁力適中，節奏宜慢且均勻，靈活掌握兩手的活把。即擰轉時，一手緊，另一手自然滑轉，掌握好收、送間的緊中有緩，此謂之「力藏」，還要做好倒動換把，此謂之「著隱」。

下面為舉旗圖（圖立桿舉旗7～13）。

立桿舉旗7

立桿舉旗8

立桿舉旗9

立桿舉旗10

立桿舉旗11

立桿舉旗12

腰身左擰帶動膀臂，兩手抓握乾坤棒隨擺隨擰收，至胸腹前已然右轉身。（圖立桿舉旗7～9）

兩手舞動乾坤棒在身前順、逆時針回環，最後升起、落下再旋升。（圖立桿舉旗10～13）

立桿舉旗13

【要點】

舞動揉轉自然，眼神隨形。再蹲身沿身軸垂落，乾坤棒向地。最後，起身收棒。

立桿者，前、後動作，屬爭力法，是一對乾坤棒有擰絞之力，功家俗稱「擰棍」，中國武術、摔跤多有此功操練。

舉旗者，屬柔力法，為旋轉搖棒，勢如大旗舞展的情景。能夠把握此桿旗，自有平衡身軸之形與旋動之力的產生，這就要求練習者要恰到好處地做好轉腰活胯、搖臂開肩，逐漸掌握臂、腰同向，臂、腰反向的要領。而乾坤棒在不斷地自身軸轉時，還有環圈之升降。注視移動的乾坤棒及上端轉動的圓墩，練家有轉睛隨物之神態。

動作變化合易，是進階功法，須師身傳口授或動心著意體悟之，自然做出柔力法來。如能持久練習，所謂剛、柔、巧、化之勁道，定能掌握應用，這裏謹記練俗語：

> 以意帶形，以形煉身，
> 以身養心，以心悟道。

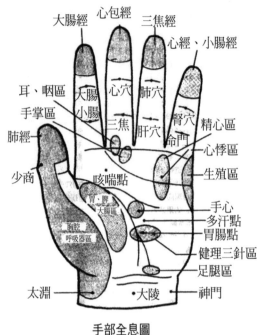

手部全息圖

按照要領重複練習，每收、送，升、降為一次，共做9次，隨功增長可做9的倍數，眼神隨式。

收式自然放鬆，亦可自然倒動乾坤棒準備做下面的動作。

由於兩掌著力做乾坤棒有規律的收送、擰轉滑摩，手掌生熱，自然傳導於手掌穴道，可養生健身，提高心肺功能，生內力、增臂力、增掌力，功家所言「潤內疏經，開筋易骨」是也。

益身乾坤棒第一手非常重要，是培根養本之法，它從熱身、開筋起，陸續進入健身養生後八式，並有下面的功效歌訣指導，請諸君認真閱讀。

血脈輪轉，養髮潤身。舌捲氣行，利腦提神。
切齒生勇，固腎益精。手攫足踏，健肝安魂。

【注】每動9次（回合），為在心計數，可以為5
次、為7次，餘者相同。

2. 獅子滾球

兩腿分開站立，鬆兩肩臂，兩手抓握乾坤棒圓墩於小
腹下。（圖獅子滾球1）

隨後，調運身軸先左後右帶乾坤棒擺轉。（圖獅子滾
球2～3）

左右轉勢不停，擺中帶旋將乾坤棒貼身觸腹揉動，逐
漸調整運棒幅度，使棒體擦胸摩肋，身量慢慢放低。（圖
獅子滾球4～7）

進而將乾坤棒推離，繼續揉轉一段時間後，再慢慢揉
中收棒如初。動作從小到大。（圖獅子滾球8～9）

獅子滾球1

獅子滾球2

獅子滾球3

獅子滾球4　　　　　獅子滾球5　　　　　獅子滾球6

獅子滾球7　　　　　獅子滾球8　　　　　獅子滾球9

【滾球揉轉的練法】

棒體貼身揉轉——離身揉轉——貼身揉轉的過程。

乾坤棒在兩掌中抵、捻活轉，悠然搖動不脫位。身形柔旋，勁力上下傳遞，似有頭頂天、足入地之神意，動作時領會腰轉肘領，兩臂圓曲，左右搖轉成圓的意境。

動作節奏當快慢適中，架式高低量力而行，須領會的

是兩眼的視角要超過身形的轉角，頭頸自有轉動幅度。這樣就會目有追捕之神，頭有頂懸之力。

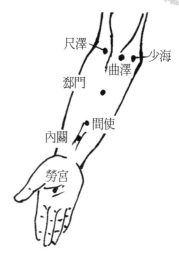

手厥陰心包經穴位（部分）圖

腰脊的擰勢，產生兩胯的合裹。這樣，在原本開步（寬如肩、胯）、兩腿彎曲、重心向下的情況下，隨著又會分別產生兩膝向內的頂、扣，而能使兩足抓地（入地三尺之說），身體軸線延伸向下，底盤尺幅隨動調整，身體自然穩健。

乾坤棒在兩手間不斷搖轉擰旋及其軸向的轉動變化，自然作用於掌心勞宮穴，手厥陰心包經通暢，內氣收運養心養神。兩腿彎曲，足心湧泉穴內吸，足少陰腎經通順，腰腹間也會產生氣盪之感，內氣聚合養腎益精。

動作圓活、柔韌、含蓄、力藏的功夫為「太極真功」。獅子滾球原傳為動樁，即古太極功之一，此處遵其技法，持乾坤棒舞之。

寥寥幾圖不易展示，練者要思維開闊，悟其連綿不斷之形，習久即可體會此功的不言之妙，功家所言「**百骸靈運，洗髓還虛**」是也。

3. 二虎攔路

兩手朝前鬆臂握棒，接做左右擰擺乾坤棒，上面手的

魚際與掌根擊拍下面垂臂的肘窩，兩臂掌左右撥動，乾坤棒在兩掌中自然滑轉，眼神隨形。（圖二虎攔路1～3）

動幅逐漸加大，將乾坤棒左右悠盪起來，棒行胸前由下上升，並用上面手法以一手之魚際與掌根速拍展直之臂的肘窩，拍擊力度適當，脆快麻俐，拍擊次數慢慢加之。（圖二虎攔路4～5）

二虎攔路1

二虎攔路2

二虎攔路3

二虎攔路4

二虎攔路5

乾坤棒在兩手間鬆緊得體，棒體轉中有送，左右攔架到位。本式可行垂臂拍打、運棒攔擊等功法，練家應察文解意並不斷練習，方能體悟出此式之妙處。健身養生有拍打肘窩一說，它能除心肺火氣，除煩躁，利睡眠，方法和次數很重要。

4. 巧女紉針

兩臂彎曲、手朝前，端棒橫於神闕位，右手擰棒而起，使棒體軸向轉動，右手端圓墩抵右胸中府穴，左手將乾坤棒推高，手雖滑把，但到位之時須助推一把。（圖巧女紉針1～2）

接著，右臂折展肘飛，扣右手抓棒抵滑右胸外側，右手背緊貼胸肋，滑力向下反臂插之，乾坤棒在身右側立起，左手隨式內合，此時，兩手握棒兩向爭力。（圖巧女紉針3）

巧女紉針1　　　　巧女紉針2　　　　巧女紉針3

　　隨後，右手再沿肋胸反提，使右手端圓墩抵住腋窩之極泉穴，稍停，再撥出，兩手橫棒於胸前上方平端，手心向裏。（圖巧女紉針4～5）

　　按照上面的動作要求，再反向做來。

　　撥彈腋窩極泉穴要以柔韌之透力，適度著力並要帶及胸肌。（圖巧女紉針6～8）

巧女紉針4　　　　　巧女紉針5　　　　　巧女紉針6

巧女紉針7　　　　　巧女紉針8　　　　　巧女紉針9

巧女紉針10

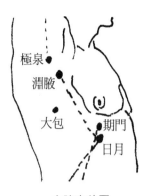

極泉
淵腋
大包
期門
日月

右脇穴位圖

最後，先兩手橫端乾坤棒於胸前上方，再自然落下收在小腹前。（圖巧女紉針9～10）

整個動作對於乾坤棒有送有迎，兩手間不斷擰轉、滑轉變化，身體隨式自然轉動，動作舒展大方，富有節奏，快慢自調，眼神隨形。

這個動作可調理肝、膽經，有寬胸理氣、去心火安神的作用。

5. 白馬回頭

站式同前，兩掌同時滑把，掌心過圓墩，成兩手心向下正握乾坤棒，臂曲肘垂，高與腹中平齊。（圖白馬回頭1）

接著，右手收棒，使圓墩沿右胸下收向胸口鳩尾穴處並抵壓之，棒直對身中，左手偏高。隨後，左手壓棒，右手掌緊握乾坤棒以此端圓墩推滑，由任脈鳩尾穴上行，過中庭、膻中、玉堂、紫宮、華蓋而出。（圖白馬回頭2）

白馬回頭1　　　　白馬回頭2　　　　白馬回頭3

此時，擰收右臂並夾肋，右掌反腕擰出，乾坤棒圓墩上舉，左手緊握乾坤棒收指下拉，兩臂向內夾肋，兩手的爭力繼續，右掌反臂推棒向上，漸成拇、食指環扣，其餘三指相附，虎口承壓的反臂持棒勢。

左小臂近身與右肘向前相遇，右肘尖正好抵壓左小臂前端的內關穴，成乾坤棒在身前右臂外上下直立。（圖白馬回頭3）

然後，兩臂著力壓滑內關穴，右肘從左小臂上面出去，乾坤棒自然滑向右大臂外側，乾坤棒滑動不停，右肘尖順勢向上舉，高過頭頂，此時，乾坤棒滑過右肩頭，身稍左轉。（圖白馬回頭4）

接著，身右轉並

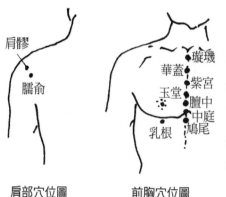

肩部穴位圖　　　前胸穴位圖

搖展右臂飛肘，此動使棒體順壓臂、肩的手三陽經穴位。成左小臂貼胸口，右手緊抓乾坤棒的背棒勢。眼隨勢向右上肘尖看去。（圖白馬回頭5）

　　略停，回右肘向身前，兩掌著力使乾坤棒從右肩頭後緣滑轉肩頭，再下滑到大臂而回收，隨動作，身面已自然回轉。持棒向左上搖開。（圖白馬回頭6～8）

　　再左手搖推乾坤棒使後手圓墩抵鳩尾。（圖白馬回頭9）

白馬回頭4

白馬回頭5

白馬回頭6

白馬回頭7

白馬回頭8

白馬回頭9

然後，再做左手臂背棒及搖轉身形的動作。（圖白馬回頭10～11）

左折臂回頭之後又滑出，此時右手臂搖轉，式落下為收。（圖白馬回頭12～15）

在這個動作中，兩手轉動乾坤棒亦爭亦奪，配合默契，摩旋纏身細膩，乾坤棒出中入中，擦胸摩肋，上下左

白馬回頭10

白馬回頭11

白馬回頭12

白馬回頭13

白馬回頭14

白馬回頭15

右翻轉變化，轉頭顧盼，眼神相隨，腰身左右轉動隨式自然，雲棒穿花自然大方、細膩活潑。

推摩胸中線與肋部輕緩自然，此運動可以開胸順氣、明目、防治肩周炎、強筋骨、提神醒腦，使人精神愉快。

6. 梅鹿伏草

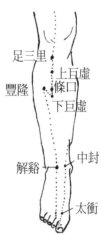

自然倒動乾坤棒，雙手正握乾坤棒，左腿前出半步，兩腿自然彎曲，乾坤棒中段抵於左胯上寸許，在胯上適當加壓，推過左胯骨，沿腿外側向下，隨推兩腿隨彎曲下坐，所經腿外側諸經穴，如足少陽膽經之風市、中瀆、膝陽關、陽陵泉，微轉到足陽明胃經足三里，再向下至解谿穴。（圖梅鹿伏草1～4）

另一腿的推運練習附圖，要領同前

右腿胃經及肝經穴位（部分）圖

梅鹿伏草1

梅鹿伏草2

梅鹿伏草3

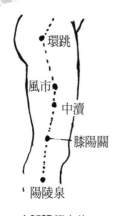

右腿膽經穴位
（部分）圖

梅鹿伏草4

梅鹿伏草5

梅鹿伏草6

梅鹿伏草7

梅鹿伏草8

述，左右換腿練習。（圖梅鹿伏草5～8）

　　踏方凳圖，是為年長者或不便彎腰低頭者設計，旨在安全。（圖梅鹿伏草9）

　　加壓推滑輕重依所經之處適力而行，走線推面，次數要根據個人的體質條件量力而行，先做3次，再增至6次，適應之後可做9次，頭頸自然隨式，不可過於低頭，

呼吸自然隨式。

　　此式動作，由於身體的漸蹲和緩起而折膝合胯，自然擠壓腹內臟腑，有消除瘀滯的作用，亦可使腿足生力，利於身體平衡。

　　做此式，可以進、退移步練習，乾坤棒自然推拉至腹部，到胯部適度加壓，連續做來，這樣更顯得活潑。

梅鹿伏草9

7. 搖轉玉柱

　　站式同前，自然倒動乾坤棒，雙手正握乾坤棒，兩掌心勞宮穴抵乾坤棒圓墩（或握錐把），舉臂開肩，屈肱揚肘，將乾坤棒輕壓額頭髮際處，再順滑壓過崑崙（頭頂）到枕骨之下。（圖搖轉玉柱1～3）

　　兩臂向前，大小臂相夾，乾坤棒中段壓在啞門穴（第

搖轉玉柱1

搖轉玉柱2

搖轉玉柱3

搖轉玉柱4　　　　　搖轉玉柱5　　　　　搖轉玉柱6

一、二頸椎間），此動會使頭頸適當得力，且有暢胸開肋之感。稍靜，內氣隨之沉入腹中，心神怡然，身體放鬆數秒。略息，做左右搖轉頭頸的動作，同時，兩肘配合有節奏地垂滑擺動，使乾坤棒靈活地左右小幅度抽拉，滾壓摩推風府穴、風池穴、啞門穴、天柱穴所在範圍，眼神相隨。往返拉摩，次數左右相加共18或36次，以舒適為宜。（圖搖轉玉柱4～5，圖搖轉玉柱6為背面）

所過之處有壓按感並有熱感產生，垂拉乾坤棒之手適當扣腕，一手抓擰，一手滑轉，使棒體軸向轉動並拉摩後頭頸，做上述動作的同時，還有頭頸左、右轉動的協調配合。

細膩之處需要悉心總結，要逐漸掌握手勁和技法，靈活運用。此法可使天梯（大椎以上的頸椎）通順，有清火明目、提神醒腦之功，進而達到保護頸椎的目的。

左右式做完，乾坤棒中段緊貼腦後第一頸椎之上，稍

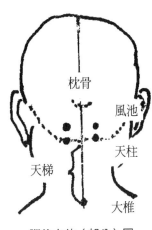

腦後穴位（部分）圖

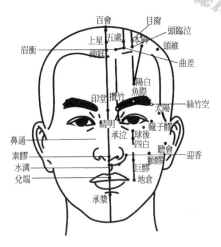

人體面部穴位圖

靜心，接著起雙臂適當加力舉棒，並使乾坤棒中段沿後腦向上，過崑崙（頭頂）壓滑到前額。然後，乾坤棒離開頭部向體前，雙臂自然下落，雙手持棒於腹前。力收氣沉，身心放鬆。

8. 神龜臥沙

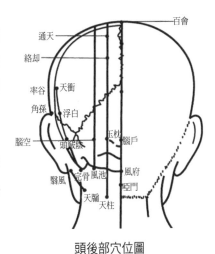

頭後部穴位圖

站式同前，倒手（手心向前）反握乾坤棒或指抓圓墩，身體正位左腿稍向前出，成半蹲式，翹起左足尖並自然提足，將乾坤棒中段移過左腳，正好滑過左足跟而抵壓左足跟腱處，此時，兩手內捲滑擠左足跟腱9次。

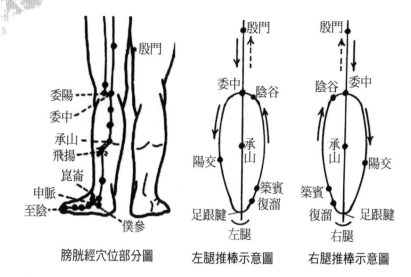

膀胱經穴位部分圖　　左腿推棒示意圖　　右腿推棒示意圖

接著，兩手內捲按左腿，推棒示意圖逆時針拉推小腿肚，向上拉到膝後彎（膕窩）委中穴處時捲揉9次，再沿小腿肚外側下推到足跟腱處捲揉9次，此循環行運3圈。

稍停，從足跟腱處向上壓拉到大腿股門穴，往返3次。

神龜臥沙1

神龜臥沙2

推完左腿，乾坤棒推到左腳跟處，捲揉足跟腱9次。接著，抬起左足跟，雙手將乾坤棒送出。（圖神龜臥沙1～8）

再出右腿，用乾坤棒行順時針拉摩右小腿肚，要領

神龜臥沙 3

神龜臥沙 4

神龜臥沙 5

神龜臥沙 6

神龜臥沙 7

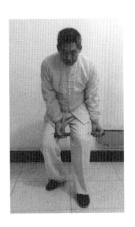

神龜臥沙 8

相同，左右換腿練習，中間稍息可以站起身來，再蹲身接著做。（圖神龜臥沙 9～16）

有年老體弱及身體不適者，可以取小凳踏之練習。（圖神龜臥沙17）

做時主要以一腿承重，被推之腿輕起輕落。

神龜臥沙 9

神龜臥沙 10

神龜臥沙 11

神龜臥沙 12

神龜臥沙 13

神龜臥沙 14

神龜臥沙 15

神龜臥沙 16

神龜臥沙 17

每腿分別做好，回環3遍與直趟往覆3遍為一組。如有功力，可增加組次，但要根據個人的體質條件量力而行。

頭頸、眼神自然，做動作不可過於低頭，若是老年人或心腦血管病者，可以腳踏小凳練習，蹲下與起身要緩慢，呼吸自然隨式。

此式上身稍向前，隨動作的蹲踞起伏而疊髖折膝，這樣就有擠壓腹部、消除瘀滯的效果。還可以提高膝、踝關節的韌力，使下肢得到鍛鍊。

蹲時，腹部、腿部、臀部的肌肉都受到較大限度的擠壓，下肢血液也會更快地回流到心臟，從而促進了心肺血液的循環，肺活量也會因此增加。

動作要求自然大方，身形放鬆，眼神隨式，手法的緩、沉由練功者逐漸掌握，以感到腿足輕鬆靈便為好。如：重點穴位或部位，施用滾壓捲推之手法效果會更好。

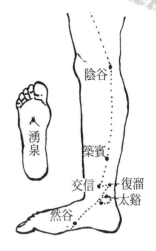

右腿腎經穴位（部分）圖

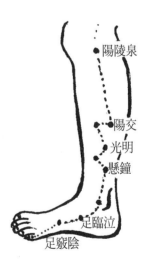

左腿膽經穴位（部分）圖

練者在做蹲身翹足尖、提足過棒不便時，可以單手插棒到足跟腱處，然後，再雙手持棒做來。只要不斷掌握好

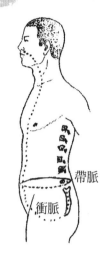

帶脈、衝脈示意圖

精道穴示意圖

手法，一定會收到好的效果。

做完後起身收乾坤棒，分足站立如初，靜心鬆體。

9. 金帶纏腰

兩手正握棒，橫對腰腹。稍息，兩手抽拉搬滑、左右旋運乾坤棒。

先往左運，左手扣轉棒體，隨身左轉滑壓左腰，右手滑把。稍停，右手搬棒回，身右運，要領同前，這樣，兩手左右抽拉搬滑乾坤棒，壓腰束身，圓活柔和，以運行帶脈，並溝通手足諸經脈。

回勢時，拉棒之手要漸變滑推移棒，要有棒體軸向的圓轉的微妙變化，練習者要仔細閱讀和體會自然變化的作用。

做這個動作，要以兩肘領勢，帶動兩肩畫弧，這樣身體才會產生旋動之力。（圖金帶纏腰1～3）

呼吸要自然，一般是正身向前時緩緩吸氣入腹，棒體緊貼腰腹部並適力抵壓。壓棒轉體，後手及圓墩抵壓腰眼時呼氣，這時的呼氣要以氣震動喉頭，使胸中之氣上行，鼻翼開，濁氣排出。

意收丹田向命門，提精道穴，內氣通貫泥丸宮。（圖金帶纏腰4～6）

此式加正手背身推運，見圖思意做來。

金帶纏腰1

金帶纏腰2

金帶纏腰3

金帶纏腰4

金帶纏腰5

金帶纏腰6

益身乾坤棒9式，練功時，根據個人身體狀況或者喜好，連續順序練習或可選擇幾式單練，有幾式可以取用練功小方凳坐、踏練習。凳高8～9寸，設計古樸典雅，以之為助會更有樂趣，且能增進身體健康。

有喜歡此乾坤棒運動的，還可以加練點按內關、拍打曲池、倚枕撐背、推尾摩骶等。或者由練習者自己發揮。

乾坤棒功課練熟習透之時，此乾坤棒「物件」就成了可心的「手把件兒」。用它來健身康體，靈氣宜神，會自然如意！練者參之悟之。

隨心乾坤棒

乾坤棒武技健身
綜合練法

●前段九式

隨心乾坤棒前段九式名稱		
起		
1.立桿舉旗	2.仙人撣塵	3.蝶飛蜂至
4.破浪行舟	5.白馬回頭	6.雀鷹旋巢
7.珠箭穿心	8.巧女紉針	9.串雷貫耳
收		

起

左手持棒併步靜立，再分足起棒直立在胸前，右手抱之。（圖隨心，起1～2）

【要點】

雖動尤靜，鬆身如樁。

隨心・起1　　　　隨心・起2

1. 立桿舉旗

　　右手下滑握錐把，稍靜，兩手緊握棒體向胸前擰收，此時，突腕平小臂，兩肘外射，兩掌爭力，其中一手自然滑轉。（圖立桿舉旗1～2）

立桿舉旗1　　　　立桿舉旗2

立桿舉旗3

立桿舉旗4

立桿舉旗5

立桿舉旗6

略停，掌腕著力將乾坤棒擰轉送出，棒體軸轉滑掌，兩臂自然震挺伸直，攏肩夾臂，眼視乾坤棒前上方圓墩。再向左轉身軸，兩臂向左雲擺並漸漸擰收乾坤棒，眼神隨形。（圖立桿舉旗3～4）

【要點】呼吸自然，意將乾坤大桿舞動之，勁力柔韌。

身軸回轉向右帶棒近胸（圖立桿舉旗5），接著，將乾坤棒向右前擰推（圖立桿舉旗6）。抓桿舞旗之勢不停，合右腿併步，隨即揚臂左擺，此動猶如迎風展旗，快中見慢，可高可低（圖立桿舉旗7～8）。

略停，蹲身插棒。（圖立桿舉旗9）

【要點】

韌力揉棒，腰身軸轉助臂展，蹲身鬆沉。

立桿舉旗7　　　　　立桿舉旗8　　　　　立桿舉旗9

2.仙人撣塵

蹲式，兩手抓擰乾坤棒身左轉，勁力蓄收，眼視圓墩。

突然，身軸右轉，蓄力釋放兩臂外展，將一桿乾坤棒急速揮至右下前方，順式右腿出，左手順拉貼扶右小臂，眼神隨形。（圖仙人撣塵1～2）

仙人撣塵1　　　　　仙人撣塵2

仙人揮塵3　　　　　　　仙人揮塵4

　　起身，左腿後插，右臂上展帶棒，乾坤棒自然斜向亮在頭右側，左手自然襯托，屈臂護胸。（圖仙人揮塵3）

　　稍後，右手向身左前插棒，左手貼扶右腕後方小臂處，以助垂棒正插。（圖仙人揮塵4）

　　此時，身微向前，眼神隨形。

【要點】

　　準確、到位、力爽。棒行弧線，臂掌著力運之，插棒緩中見急，勁力不斷。

3. 蝶飛蜂至

　　身稍起並拉棒平，接著，速軸身左轉，兩手交臂叉疊，平撥盤旋乾坤棒，此時，身已反向。（圖蝶飛蜂至1～2）

蝶飛蜂至1

蝶飛蜂至 2

蝶飛蜂至 3

蝶飛蜂至 4

上動不停，急收身，回路途中左手滑翻外撥乾坤棒，右手隨應向胸從左往右擦過，此時，左右手順握乾坤棒兩端圓墩，不停，左手推滑圓墩到胸口處，乾坤棒被左手擰升，右手在上抓握圓墩，乾坤棒在身前立起，同時合足併步。然後，右手速下滑拍擊左手掌並抓握下端錐把，乾坤棒直立身前，眼視之。（圖蝶飛蜂至3～4）

【要點】

平撥盤旋如蝶，兩手要巧，臂肘帶力，滑棒拍擊力道脆快，手動棒靜，保持乾坤棒穩定，步移轉身到位，神情自然。

4. 破浪行舟

身起，左足前點，臂揚肘頂，速抬棒，上端圓墩擊後，左手圈護。（圖破浪行舟1）

接著，右手著力向身前劈棒，左手速出抓壓助力，同

破浪行舟1　　　　破浪行舟2　　　　破浪行舟3

時，左足前進一步，身整體顯衝勢。眼神隨形。（圖破浪行舟2）

再進左足，右手向內擰送乾坤棒，左手滑把間拉棒向前。（圖破浪行舟3）

【要點】

劈壓力足，進步到位，平穩送棒如行舟，兩手擰轉、拉帶自然平和。

5. 白馬回頭

回身平拉乾坤棒，右手向下擰轉棒體，使此端圓墩擦腹向上到胸口，左手滑把再右推，乾坤棒在身前斜立。（圖白馬回頭1～2）

接著，右手擰把從胸口翻棒而出，右臂夾，右手反提，棒滑到大臂外，兩手緊握錐把，棒直，眼神隨形。（圖白馬回頭3）

白馬回頭1　　　　白馬回頭2　　　　白馬回頭3

【要點】

摔、旋、穿、翻乾坤棒，神聚形整，兩手適當用力。

6. 雀鷹旋巢

揚右臂開肘，乾坤棒滑過肩頭，左手自然離開，掌稍向上停在右腋前。右手拉起運棒到後背。（圖雀鷹旋巢1）

同時，右足外展落步，帶身右旋勢，不停，乾坤棒往左過頭。緊身右旋一周，三步到位，踏落三點，右手持棒過身下旋，帶、抽、劈、撩，眼神追棒。（圖雀鷹旋巢2～3）

待正身到位時，右手反臂撩擊，右腿彎曲獨立，左足藏後，足背貼右小腿肚，左臂折曲，肘外射掌下按，

雀鷹旋巢1

雀鷹旋巢2　　　　　雀鷹旋巢3　　　　　雀鷹旋巢4

扭頭視棒。反覆單操，領會圓活之趣。（圖雀鷹旋巢4）

　　【要點】

　　緊身右旋棒，帶行三步，步眼定要準確，節奏自然，揮棒有力，此動作不緊不慢，腳步輕巧，獨立穩健。

7. 珠箭穿心

　　右手撅棒，身自然轉向，左手隨之反托，眼順前掌面視去。（圖珠箭穿心1）

　　稍停，右手向前穿棒，過左肘直擊，兩手交會，左手偏後督抵右手端圓墩。同時，進左足落定，右足相併，身自然下蹲。（圖珠箭穿心2）

　　【要點】

　　體悟弓道，兩手交會動勢不斷，手法細膩，右手穿棒如珠彈飛、羽箭行。

珠箭穿心1　　　　　　　　珠箭穿心2

8. 巧女紉針

撤步平拉棒，眼神隨形，突然向右展身，兩手向上悠棒，右手斜向前衝，左手臂掌著力，做出向右上方攔擊之動，左手腕順擊右肘窩，腿自然小弓助勢。（圖巧女紉針1～2）

稍停，合右足成並立式，同時，回轉腰身，兩手速撥旋乾坤棒，兩臂掌動作如前，但方向相反。（圖巧女紉針3）

巧女紉針1　　　　　巧女紉針2　　　　　巧女紉針3

巧女紉針4　　　　　巧女紉針5　　　　　巧女紉針6

緊接左攔，兩手在胸前倒轉乾坤棒，左臂折曲，左手抓扶棒體錐把到左肩窩處，右手高位緊握錐把軸向用力，使後端圓墩抵壓肩窩。同時，左腿向外滑出。（圖巧女紉針4）

接著，左手扣腕反臂貼身左側向下插去，右手自然相隨，身稍斜，棒到位時，兩手上下有爭力。（圖巧女紉針5）

稍停，左手向上提棒過腋窩旋撥而出，隨動合左腿，右手自然舞棒於身左上位。（圖巧女紉針6）

隨後，身稍右轉，左手高起抓棒著力，送棒體之圓墩抵壓右肩窩，再反臂插棒與回身提棒，旋撥腋窩，回身。諸動同前。（圖巧女紉針7～9）

【要點】

先前左右攔擊脆快，動勢如虎。後手左右旋撥舞轉乾坤棒，插滑自然爭力含蓄，過腋窩心巧，撥力韌沉，兩腿左右滑移緊密配合，眼神隨形，動之活潑，身斜式正，勤練出新。

巧女紉針7　　　　巧女紉針8　　　　巧女紉針9

9. 串雷貫耳

右手翻棒，此端圓墩從右腋窩撥出，成兩手在胸前端棒。不停，兩手向右運棒時滑過圓墩自然抓握錐把。緊接著，左手抵推圓墩向右，在乾坤棒向右過胸口時，右手滑把掌心抵圓墩之時，身往左轉出左足，再進右足落在東南方。（圖串雷貫耳1～2）

串雷貫耳1　　　　　串雷貫耳2

串雷貫耳3

同時，兩手急速向東南前方擊棒。（圖串雷貫耳3）

兩手運棒往右肋處，兩手沿棒體軸向倒把換向，此時，身左轉，左足外展進步，緊接著，左手抵推圓墩向右過胸口，兩手巧過圓墩倒棒，再進右足落在北方，同時，兩手急速向北方擊棒。（圖串雷貫耳4～5）

接下來左轉身移動，兩足與倒手滑棒要領相同，只是第三棒擊向西南且位置偏高。（圖串雷貫耳6～8）

【要點】

左轉身不停，腳步扣落自然，回環倒手連綿、擊棒有力，熟能生變。

串雷貫耳4

串雷貫耳5

串雷貫耳6

串雷貫耳7　　　　　　　串雷貫耳8

收

接上式，兩手拉棒到胸，然後自然左手握棒垂落身旁。同時，兩足協調併步站立如前，身體放鬆。（圖隨心・收）

隨心・收

●後段九式

<table>
<tr><td colspan="3">隨心乾坤棒後段九式名稱</td></tr>
<tr><td colspan="3">起</td></tr>
<tr><td>1.入地沖天</td><td>2.蝎子撩尾</td><td>3.青蛇臥藤</td></tr>
<tr><td>4.懷中取書</td><td>5.拐仙揮杖</td><td>6.單臂劈山</td></tr>
<tr><td>7.黃牛犁地</td><td>8.穿梭織網</td><td>9.靈猿獻壽</td></tr>
<tr><td colspan="3">收</td></tr>
</table>

起

併步正身，左手持棒，準備動身起棒。（圖隨心·起）

1. 入地沖天

身起，左腿提，右手向前滑，兩手抓棒。（圖入地沖天1）

稍停，左腿向後一步，身下蹲，兩臂捋帶乾坤棒，左手端圓墩沖搗，眼神順棒後視。隨後，身起頂右膝步獨立，同時，兩臂向上，左手沖棒右手回捋助力。眼神隨形。（圖入地沖天2～3）

【要點】

雖然運棒下搗上沖似行直線，但

隨心·起

入地沖天1　　　　　入地沖天2　　　　　入地沖天3

在移動中有棒體軸向之轉，細心把握。

2. 蠍子撩尾

右腿向後退一步，身蹲，左足掌點地，同時，左手持棒向左後揮擊，左臂微曲，身自然向左擰，右手相隨助勢。眼神隨形。（圖蠍子撩尾）

【要點】

退步要輕靈，左手棒擊要有力，蓄收得當。反覆操練。

3. 青蛇臥藤

左轉身，左足進一步，左手棒起端平，右手接握停在身前。接著，上右步兩足並齊，身直腿微彎，兩手拉棒橫貼腹部。（圖青蛇臥藤1～2）

蠍子撩尾

青蛇臥藤1　　　　青蛇臥藤2　　　　青蛇臥藤3

　　隨後，兩手交叉擰棒，左臂在內滑穿，左肘尖抵壓右小臂腕處，將乾坤棒上下拉起。（圖青蛇臥藤3）

　　隨即左肘尖滑出，身速左轉，棒滑過左肩頭後，左手鬆開，收在右胸前，右手持棒，身蹲，眼向後視。（圖青蛇臥藤4）

　　不停，身再下蹲並盡量左轉，同時，右手持棒下壓。（圖青蛇臥藤5）

　　稍停，右手先將棒的前端圓墩下沉近地，再從身後弧線向上、向身前展開、右臂拉起，隨右轉身左手自然抓棒下端錐把，同時，進右步前弓，到位時，兩手前推直棒。眼神隨形。（圖青蛇臥藤6）

【要點】

　　進身移步與兩手旋擰翻穿乾坤棒要隨身柔轉，上下升降配合到位，式緩、力含蓄，最後的弧線拉棒，幅面要開闊。

青蛇臥藤4　　　　　青蛇臥藤5　　　　　青蛇臥藤6

4. 懷中取書

右腿後撤，足掌點地，同時，右手向身前下方壓棒，左手自然翻撥，此動棒在胸前旋翻。（圖懷中取書1）

不停，左手壓棒向身前貫力，將乾坤棒劈出，同時，右足踏實，左足進一步，到位時，右手握把，左手壓棒，眼神隨形。（圖懷中取書2）

【要點】

翻棒劈擊力貫千鈞，力點要準確，步眼穩健踏實。

懷中取書1　　　　　懷中取書2

拐仙揮杖1 　　　　拐仙揮杖2 　　　　拐仙揮杖3

5. 拐仙揮杖

身軸左轉，帶動左足後退，同時，兩手變把抓棒，滾壓腰部左側。稍停，身右轉，帶右腿旋落。眼神隨形。（圖拐仙揮杖1～2）

【要點】

移步滑行，左步為撤，右步為開。

右手抽棒從腰間速出，直臂平棒向身右側擊打，右腿彎曲承重，左腿頂膝橫足，左手扶左大腿面。眼神隨形。（圖拐仙揮杖3）

【要點】

貫力橫掃，掌握好身體平衡。

6. 單臂劈山

左腿前落，右臂垂，身左轉的同時，右手從下往身左側掄棒，左手一直扶右小臂畫圈，到面前橫棒稍停，此

單臂劈山1　　　　單臂劈山2　　　　單臂劈山3

時，右腿向前順足落定。（圖單臂劈山1～2）

　　然後，向身前劈下，左腿後坐，身自然前傾，臂棒一線，圓墩向地，眼神隨形，此時，身體自然右轉。（圖單臂劈山3）

　　【要點】

　　掄劈弧圈大而圓，力道渾厚。

7. 黃牛犁地

　　向後拉棒追右腿，右足向後移，足尖點地，身稍起，眼神隨形。（圖黃牛犁地1～2）

　　速右轉身，棒追右腿使其退一步，剛順步，左足即進，同時，左手向前拸棒。此時，身微蹲，兩手平持棒。眼神隨形。（圖黃牛犁地3）

　　【要點】

　　棒追之式心細形巧，右轉身及時穩健。

黄牛犁地1　　　　黄牛犁地2　　　　黄牛犁地3

8. 穿梭織網

左手向懷中收棒，右手緊密配合向下沉棒，身自然下蹲。

接著，左足擦進一小步，右足跟進並齊，身下蹲，同

穿梭織網1　　　　穿梭織網2

時，右手持棒抄底，用前端圓墩撩擊，到位之時，右手回捋，左手靈巧地滑過此端圓墩，兩手交匯握棒，臂棒一線在身前下方。（圖穿梭織網1～3）

穿梭織網3

穿梭織網4

穿梭織網5

穿梭織網6

穿梭織網7

穿梭織網8

　　身起，兩手拉棒旋舞，身先向右移再左轉，兩足移動與兩手在身前舞棒翻花，身逆時針轉動一周，兩手起落前後三次，最後一次，兩手小臂交叉將乾坤棒托起。（圖穿梭織網4～9）

　　雙手撥轉乾坤棒，從上向下動勢不斷，最後將乾坤棒撥在身左側立。眼神隨形。（圖穿梭織網10～13）

穿梭織網9

穿梭織網10

穿梭織網11

穿梭織網12

穿梭織網13

【要點】

身軸轉動，兩腿足尋位踏落，兩手舞棒翻花不停，周身帶力，乾坤棒在兩手多向舞動時，要掌握好棒體軸向之轉。

9. 靈猿獻壽

身轉勢不停，在右腿前進、落足之時，左手速握旋捋帶乾坤棒，拉在身體左側，眼自然左視。（圖靈猿獻壽1）

兩腿足不動，兩手擰棒從下向前上方鑽沖。（圖靈猿獻壽2）

最後，右手抓棒不動，左手沿棒軸方向向前推，到乾

靈猿獻壽1　　　　　　靈猿獻壽2　　　　　　靈猿獻壽3

坤棒中段後再握抓，眼視乾坤棒。（圖靈猿獻壽3）

【要點】

将抓與旋鑽勁力不斷，用之柔韌到位。

收

身向前，進左腿併立，右手向下抱左手，兩手立棒於身體右上方，眼神隨形。（圖隨心·收1）

稍停，兩手平移乾坤棒到身體左側，然後，兩手下落分開，左手持棒收落在身體左下方，右手自然下垂。眼前視。（圖隨心·收2～4）

【要點】

兩手在身前立棒左右雲揉，可做兩次，從高處向下落，自然回環。

隨心·收1

隨心・收2　　　　　隨心・收3　　　　　隨心・收4

　　隨心乾坤棒為武術套路，分前段、後段，也可以兩段合起來練習。

　　設計套路為連環演練，應用乾坤棒做單手或雙手持棒的動作，以其特有的長度及特點，做出擰、旋、轉、穿、摩、滑、滾、壓、劈、格、搗、沖、豁等技法，其形有隱有現，剛柔合身，動作編排緊湊合理，並且具有變化的空間。

空星刺譜

動作名稱		
1.抱拳揖禮	2.清風拂蓮	3.天竹吐翠
4.金獅戲球	5.鯤鵬展翅	6.蝙蝠來臨
7.捲蔓牽藤	8.童子開弓	9.推窗望月
10.蜂蝶點蕊	11.鐵臂擔山	12.移花接木

●空星刺譜訣

1. 抱拳揖禮

起手暢身，環臂當胸。

抱拳揖禮1

抱拳揖禮2

抱拳揖禮3

抱拳揖禮4

2. 清風拂蓮

蹲身十字，壓托剪撥。

3. 天竹吐翠

併步橫馬，節節拔青。

清風拂蓮1　　　　　　清風拂蓮2

天竹吐翠1　　　　天竹吐翠2　　　　天竹吐翠3

4. 金獅戲球

活潑踏搬，腰柔氣行。

5. 鯤鵬展翅

平地升空，擎托逆旋。

金獅戲球1　　　　　　金獅戲球2

鯤鵬展翅1　　　　　　鯤鵬展翅2

6. 蝙蝠來臨

雙擰落翅，藏寶跪子。

7. 捲蔓牽藤

探取收合，齊舉敬天。

蝙蝠來臨　　　　　　　捲蔓牽藤1

捲蔓牽藤2　　　　捲蔓牽藤3　　　　捲蔓牽藤4

8. 童子開弓

先抱後張，意向神射。

9. 推窗望月

下退上進，推星亮月。

童子開弓1　　　　童子開弓2　　　　童子開弓3

童子開弓4　　　　推窗望月

10. 蜂蝶點蕊

折肱搖臂，顧盼巡迴。

蜂蝶點蕊 1

蜂蝶點蕊 2

蜂蝶點蕊 3

蜂蝶點蕊 4

11. 鐵臂擔山

鬆肩沉肘，豎脊挑重。

鐵臂擔山1

鐵臂擔山2

鐵臂擔山3

12. 移花接木

紅綠爭艷，栽花培樹。

【要點】

反覆單式操練，再連做成套路。

移花接木1

移花接木2

移花接木3

●空星棒及其他器械

空星棒是道宗八卦獨門器械

　　師口述第一代空星棒刺棒同體；第二代縮變為刺鉤，雙手持握，為銅器；第三代銅製或木製，雙手握把。也可以加工黃銅器具如乾坤鈴、空星刺。

　　練習方法如上文敘述。

黃銅空星刺

上：第二代空星棒
下：第三代空星棒

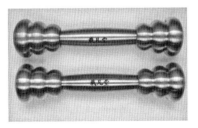

乾坤鈴（常人）
每支重1.5公斤，成對使用

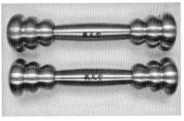

乾坤鈴（兒童）
每支重0.5公斤，成對使用

空星棒（第一代）動作

空星棒1

空星棒2

空星棒3

空星棒4

空星棒5

第六章
養生健體

秘授臥功

養生功法原傳多為口授，凡秘旨要點處，均單獨身教，並且有「真言不過六耳」之說。今以誠心下傳，想先師神靈感知而欣慰，故整理成文，將其中秘法公之於世。

文字力圖通俗易懂，以代言傳，使功法能夠存留，並得到繼承和發揚。

●舒筋探爪

此功為養生築基第一手，它不但能煉氣、開筋、增力，而且還能暢通身之中道，生陽和陰。

1. 手 功

早晨醒來，全身（平躺）處在鬆軟狀態，行功者凝神靜息。然後，心意萌動，雙小臂折曲，雙掌握空拳輕放胸前。待喚起精神時，悠然起動右手，隨翻轉隨上伸，並變掌向上，順右耳過頭頂，再向頭上方極處用意探去，使肩在放鬆的狀態下，手臂三節盡意伸長。此時兩眼可以輕閉，眼神隨伸出之手。

略停，用意用力漸抓漸收，指曲掌空成雷掌。隨下抓手臂逐漸內旋，右手從頭頂沿面側而下，到胸部原處緩緩放鬆輕觸之。眼神內視，自然隨手而回。

　　略息，再以前法做左手動作，反覆練習，左右各做3次或6次、9次。

　　這個動作能使氣息進出自然，按摩鼻腔，利於心肺，還有提神醒腦、舒氣開筋和養氣生力的作用。

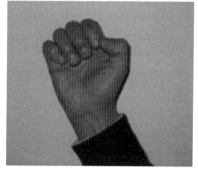

雷掌

【要點】

　　靜、動自然，鬆、緊得體，得法後赤龍（舌頭）滑舌根、齶堂，津液隨生，可頻頻吞咽，以養陰助陽。

　　一側手臂在做功，身體的其他部位一定要保持鬆靜。換手臂練習，自然做好動作與氣息的伸吸抓呼之往來，並且一定要留有心息調整時間。

　　切記：隨動作的到位，每吸足氣後，清氣怡神，要閉氣2～3秒。而呼氣時，將濁氣排盡後也要閉氣2～3秒，做好呼吸隨形並放慢呼吸頻率。練者好好地體悟鬆、緊變化之妙，形之所成皆由心神譜就。

　　練功中也可以賦予新的意境，就是將手探入遠空中，採來清靈之氣收納胸中，以此來修真養性。

2. 足　功

　　身平躺，屈腿分足，身體放鬆。然後，雙手指分，摟抱右腿膕窩，中指抵委中穴，接著搬大腿向胸使臀部微起並牽動後背，此動帶動小腿。此時調勻呼吸，跟著上舉右小腿並蹬足，使腿足諸筋伸張。

動作中兩手中指自然著力抵壓委中穴。

蹬起後略停，小腿帶足，著意放鬆，然後，再蹬起，如此9次（或7次），慢慢放下右腿，放鬆靜息。再按前述方法起左腿，同樣做來。

此為一回，可做三回，根據個人練習情況，蹬落方式可以變化。

【要點】

蹬足為要，而且要盡量向上，大腿兩側筋及足趾筋全然伸張。此動陰陽和諧，養氣生力。兩手中指抵壓委中穴力度適中，袪腰背之疾。經常練習自然得法。呼吸順暢，吸之入丹田可養氣，呼之以鼻噴，丹田、命門、會陰相聚，養腎生精亦保肝脾。凡蹬起時呼氣，鬆落時吸氣。

●踏波划水

此為足踝揉筋法。

練功時要領悟「踏波」之意境和「划水」動作的內涵，並要掌握動作的協調性，使兩腿、足踝、足趾得到有節奏的運動。同時，兩眼要內視兩足的抓收，使眼球隨節拍轉動，此式上下呼應，有提神醒腦和明目之功，還能使足三陰、足三陽經脈暢通，火平氣順，水滋神養，人體諸經絡自然和諧平衡。

身平躺，兩腿分開，自然調好兩足間距，保持身體的放鬆，動作時足掌、趾適當用力，開合自然，使足部肌腱、筋骨開伸。

1. 雙腳同時、相對向內轉

做時雙眼輕閉，眼神由鼻尖看兩腳，內視隨形。兩足同時轉踝，足掌、趾向內擺動到兩足趾接近時，兩足尖用意向前下方探伸。然後，隨向下轉擺，兩足自然向兩側分開，隨之兩足掌、趾又向上搖起，再同時向內轉擺。重複以上動作，次數以9的倍數連續做來，練時默念之。

2. 雙腳同時、相對向外轉

上動之後，兩足靜收成自然狀態。雙眼輕閉，眼神內視兩腳。在足趾似乎接近時，兩足掌、趾同時著力上揚，加意引向膝處，然後兩足同時轉踝，使足掌、趾向外擺開，並加意過膝蓋上方畫圈而轉，由於加意過膝畫圓，必使膝關節收動，隨之，自然會有膝部頂起之狀。

隨後，隨兩足分開，足掌、趾向外下順直，兩腿會自然放鬆，兩足尖也自然會靠近而收。

接著，再做兩腳轉踝，兩足掌、趾著力上揚，重複以上動作，做9的倍數次。

【要點】

做1、2式動作，要掌握好由意引形，兩眼內視，隨腳而動，兩踝關節的著力要隨足掌、趾的上揚而適度，一定要把握好足掌、趾的緊鬆、快慢節奏。

3. 左足順時針，右足逆時針，做交叉向內下的轉動

左足轉踝，足掌、趾向內（順時針）向下，足尖朝向

右足心而畫擺，通過右足心後再向下探伸。與此同時，右足要自然向外閃轉，亮出空間來。

待左足擰轉收回時，右足隨之起動（逆時針），朝向左足心並向下探伸。與此同時左足自然向外閃轉，亮出空間來。按此要領重複，做9的倍數次。

【要點】

要掌握好足掌、趾閃轉的時機（協調時間）和交叉擰畫擺動的鬆緊節奏。兩眼輕閉，隨腳的旋擺（眼內轉）而內視。

4. 左足逆時針，右足順時針，做交叉向外上的轉動

兩足尖自然向內相近，左足尖倒向右足心，過右足心向上、向外（逆時針）畫擺，右足自然閃轉，亮出空間來。在左足掌、趾著力向上揚時，由意引過膝蓋，再向外畫圈擺開，此時膝屈頂起。右足同時做順時針的向外下順直放鬆，隨後，左腿自然放鬆，膝落腿順，左足掌、趾亦向外下，就在左足向下之空當，右足由下向上再向外（順時針），足尖過左足心而畫擺，同樣，由意引過膝蓋，向外畫圈擺開。左腿自然放鬆順直。

重複以上要領，做9的倍數次。

5. 兩足掌靠近，做交叉旋動

在外的一足滑摩另一足的足背及其內側至足尖，被摩之大足趾抵挑在外足的湧泉穴而旋出。而後，形成新的兩足掌靠近，再按前面的方法重複做9的倍數次。

【要點】

做上面3、4、5的兩足交叉轉動，心身要鬆靜下來，琢磨好式子的細節，做時一定要掌握好兩足轉擺的空檔，巧做交叉旋動。兩腿、膝、足的鬆順和上揚，要富有節拍，緊鬆得體，舒順自然。兩眼輕閉，隨腳的旋擺而內視。

做完上述動作後，兩腳放鬆，然後兩足尖向前，再同時加意做抓收足趾縮向足心的動作。每抓1次，稍停一下，之後自然彈伸復位並帶動足跟前蹬。如此做9次。

做這個動作，根據個人情況，可以不露出雙腳。之所以露出雙腳，是因為考慮到這樣能做得好一些，也就是說做得能夠到位。同時，也要看室內的溫度是否允許，有條件的可以把雙腳露出被外，做完以後，再把被子蓋好，注意腳部的保溫。

一天中，早晨做一遍，晚上睡前也要做一遍，或者是在傍晚的時候做也好。它可以消除疲勞，有利於安眠。

總之，在做踏波畫水動作時，雖說意、形在腳，但已然將氣血運及全身，還能將身體自然牽動，此時，一定要把握好心息的調整時間，再有就是腰部要放鬆。

無論怎麼變換，都要保持身體的其他部位自然放鬆，靜動虛實，神情怡然，神思專注，以意率眼耳而視聽。此式可行血運水，有利於血氣下行而使血壓正常，又可清肝膽、健脾胰，並且還有近養腎、遠養心的功效。同時，還能促進腸道的蠕動而潤滑清便，使人潔淨爽快。

在練習時，由於體內氣血的運行及兩足旋動的特點，口會閉合，舌亦會自然抵緊上齶從而源源不斷地分泌唾

液，將之含在口中，動作做完後，如能輕輕鼓漱而分數送咽腹中，效果最佳。

●摩膝擺尾

此功的要點是擺中帶摩，可以開活脊柱各關節、韌帶及椎間盤，增加脊柱的彈性，並且還能打通周身血脈。

此功有兩法可習練。

晨醒後和晚上睡前練習兩次。平躺在床上，低枕或去枕。起雙臂，兩手掌托抱或捧抱後腦。

（1）**托抱**：兩手指疊，左手貼枕骨兩旁，右手置於其下托抱之，有定崑崙、使心神安詳之態。

（2）**捧抱**：「六爻指」，兩手掌開，中間三指以楔、榫狀插接捧抱之，有抵腦後穴之妙用。

唯抱後腦不同，餘者一樣，兩臂屈肱亮翅，肩背放鬆，暢胸順氣，調勻呼吸。

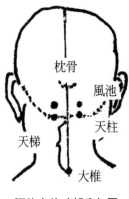

枕骨
風池
天柱
天梯
大椎

腦後穴位（部分）圖

1. 摩膝擺尾（一）

躺在床上，兩臂上起圈臂開肱、鬆肩，兩手托抱崑崙（頭部），兩腿屈收，自然攏夾，兩踝尖輕抵。

調勻氣息後，兩腿一起先左後右做側擺，盡量近床。因兩腿攏夾，動作時自有摩膝之動。

此動宜緩，兩腿摩中有隨有助，

有托有負。力之韌，氣之順，功者自可體驗。由此產生扭脊，間盤自活，擺尾有之。

同時，開筋舒肌，呼吸自然得法，何必勞神惦念！

連續做18回合（**左右兩擺為1回合**），調整一下躺臥身姿，再做18回合。

師囑此功要經常習練，有修真養性、延年益壽之功。

2. 摩膝擺尾（二）

收腿合膝夾馬（**膝內相互貼靠**），兩足分開約一尺。

式定後，開始做臀部的左右擺動，形成扭腰胯和晃動脊柱的動作，動幅從小到大柔緩做來。此時，尾椎骨抵摩床面，又有兩膝相擦（**作用於陰脈**）而產生熱感滋潤之。

此臀部左右擺動，有似離非離之勢，動幅大小、速度快慢，由人調整。

【動作特點】

肩背放鬆有助於左右扭腰，擺動臀部又有益於脊柱揉摩，肌肉骨節得以舒鬆開活。攏腿貼膝隨臀擺，自然產生兩膝（腿）內側相互摩擦的連鎖動作，又能暢胸順氣。且動作富有節拍，自能提起精神和愉悅心情。

開始練時，動數（**左、右動為1次**）18次。歇息一下，歇時全身放鬆，隨後，再做一回。

練時動幅宜小，節奏要緩慢。行功隨日而進，扭腰和晃擺脊柱的動幅、節拍及次數也隨之增加，可根據個人的情況，連續做36次、72次或更多，之後再歇息放鬆。但要根據自己的年齡、體質而定，不可強求。

摩膝擺尾（二）

可以功課二度，但須在做完一遍後，兩腿自然伸展放平，保持兩手托抱或捧抱頭式不動，放鬆身體各部並調勻呼吸。歇息之後，再做一遍。這時，練者要稍加動幅及速度，或變化功式，摩己腰部、背部，使之生熱來潤澤腰腎或心肺。

練者隨功進而技增，自然能掌握人體中軸之動，可有效地活動頸椎、胸椎、腰椎、髖骨、骶骨和尾骨。此功善通督脈、衝脈和膀胱經脈，而摩膝亦可通活脾經。雖擺尾在臀，實則為摩擦骶骨、尾骨、坐骨等，只要微變功式，就能激通八髎（音遼）和丹家修煉要地——尾閭，可養腎生精、化髓還腦。

摩擺的動幅與丹田和命門的「呼」「吸」，能使體內臟腑得到深層次的蕩摩，不但能清除體內淤積的廢物，而且還有利氣血、水穀通運，提高體內臟腑功能，改善新陳代謝。經常練習可促進血管軟化和血壓正常，又能和肝利膽，健脾保胰。

隨節拍加快和動幅加大又可增進心肺功能，也就是說躺在床上也可以做有氧運動，雖然呼吸加深，但是練者不會喘。

【提醒】

練功時，身著衣服輕便些為好。練功後歇息時，有感

口中唾液分泌，如能攪津並鼓漱，再將其分數送咽為好，會有數珠滾落之聲，可眼視、耳聞之。

做完後，兩腿伸展放平，兩臂掌收在兩腿外側，掌心向下，全身放鬆。

只要用心練習，就能獲得收益，從而增長技能，進階悟道。

【相關知識】

脊柱——具有支持軀幹、保護內臟、脊髓和進行運動的功能。

髖骨——組成骨盆的大骨，左右各一，形狀不規則，是由髂骨、坐骨和恥骨組合而成的，俗稱胯骨。

骶骨——腰椎下部五塊椎骨合成的一塊骨，呈三角形，上寬下窄，上部與第五腰椎相連，下部與尾骨相接。

●扶搖崑崙

身體平躺在床上，靜心鬆體，兩臂彎曲上舉，兩手適當抱住頭部，手指分開，只有中指、無名指、小指相對，壓在頭頂，準備做下面的動作。

（1）雙手壓運頭皮，沿面部中線方向上下推拉，使頭皮與頭骨間產生滑移。

這個動作做出來很富有節拍，可帶動整個身體產生共振而微顫，自有內氣通貫泥丸宮至湧泉穴間。做36次。

（2）雙手抱住頭部，分別做逆時針和順時針方向的推旋頭頸動作，並加意隨旋隨上提。各做18次。

（3）雙手抱住頭部，向後腦方向搬動，然後再扶正。開始做時手要輕、緩，幅度也要小些，漸漸適應後再搬扶到位，可助內氣沿尾閭過腰行脊，順天梯通達泥丸宮。

●擦胸潤肋

在胸中和肋脅部位做按摩，下面分別敘述。

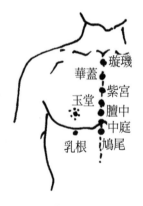

胸部穴位圖

1. 推摩胸中

練習此功首先要靜思心安。

兩眼輕合，神注祖竅並下鼻準到鵲橋，這時自然會舌抵上齶。然後再起手摩推任脈一段，在出現摩擦聲時，要以耳聽之、以眼尋之，用來連通任脈和督脈。

用力適當，使被推摩的主線及周圍鄰近的皮膚發熱，可促使內氣通順，清心化痰，生津增液，寬胸利膈，避免咽乾、咽喉腫痛等。

這樣的機械刺激，會使這一範圍的組織和器官血液循環改善，從而增強胸腺的分泌功能，大大地提高了人體免疫能力。此功方法簡單易學且功用可靠，請認真閱讀習練。

【練習方法】

身體平靜地躺在床上，伸出單手，手指彎曲，用大拇

指後節及魚際部分，推摩胸部中線，即沿任脈從頸下到胸劍突處，所經穴位有鳩尾、中庭、膻中、玉堂、紫宮、華蓋、璇璣等。

手法為壓腕起掌，手指彎，用拇指魚際位，先左手上下推摩108次，後換右手再推摩108次。自然換手連續摩胸不停，來回為一次，推摩速度以每分鐘約60次為好。

起初做時，單手做108次手臂會有酸痛，這時可以調整一下次數，如做36次或72次，但是，一定要做好左右換手而且還要連續不停，總數在200次以上。

2. 推摩肋脅

練者要心靜神安，兩眼輕合，神注肋脅部位，手掌指自然伸開，撫按胸側。起手摩動有聲，要以耳聽之，眼也要內視其動，用來通暢此處所布肝經、膽經。

用力適當，使被摩推之處大片生熱，促進血脈暢通並潤澤臟腑，使之氣脈活順，尤其是有利於肝膽解毒消炎，祛疼痛，又能理活帶脈。抵腋窩通心，可除心火。

【練習方法】

身體平靜地躺在床上，向外頂右肘，右大臂稍上抬，使右腋張開，伸左手掌撫按右側胸肋，食指、中指、無名指頭節指肚頂於右腋窩，適度著力頂抵極泉穴並適當停留，然後，食指、中指、無名指適度著力向下平摩右脅；稍停，掌開，全掌適當著力，從右脅下向上推，到右腋窩時，收掌心，食指、中指、無名指頭節指肚自然頂抵極泉穴。此為一次。

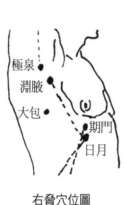 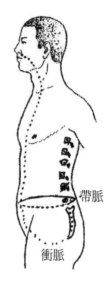

右脅穴位圖　　　　　帶脈、衝脈圖

　　往返做18～36次，速度較前動稍慢。做完後，左手臂
自然落在身體左側並放鬆，再按此法換右手繼續做來，掌
握方法後，兩手輪換做來。

　　此手法可以很好地舒順足厥陰肝經期門、章門和足少
陽膽經帶脈、京門、日月等穴，同時，也按摩了足太陰脾
經大包穴及手少陰心經極泉穴處。

【練習時間和注意事項】

　　以每天的早、晚，在床上做較好，做時要保持皮膚的
乾燥滑爽。

　　在實際練習中，剛開始做時，手的壓力要小一些，速
度慢一些，讓皮膚自然發紅發熱，漸漸適應了，手法再適
當加重、加快一些。

　　手法得當能使熱力在一定範圍內擴散，並使之滲透，

滋潤心、肺和肝、膽、脾、胃。

　　練習過程中，會出現皮膚不適或起丘疹而結痂，這段時間一定要堅持，適當調整手法，會克服和適應這些問題，慢慢地結痂就能自然脫落。這之後，就不會再出現這種情況了。

　　練完時，身體會感到很舒服，心情愉悅，口內也生津液，功者要養成以意送咽的好習慣，自能滋養身體。

●龍虎添陽

　　人有三寶：精、氣、神，並有先天三寶與後天三寶之說。

1. 先天三寶

　　是由父母結合，而後坐胎成子，在母體內凝聚之三寶，是內功修煉的要點。

　　（1）先天精，指的是元精，潛在的體能。在修煉內功時，靜極而動，並可採用一定的功法，使精化氣，增強體質。

　　（2）先天氣，指的是元氣，也叫真陽之氣。胎兒在胞中由臍帶進入的體內之氣，它分布全身，一般人不易覺察。練功者所修丹田氣功，就是煉的先天氣，而且功深者可結「氣團」。如能與神相交，並收納到中宮，久之先天氣可在體內自然而轉，滋養健身。

　　（3）先天神，指的是元神。修功進入靜定狀態，頭

腦空之，無思無慮，且不知呼吸之境界，即元神主宰。有安神、開慧、增智之功。

2. 後天三寶

就是人的自然生命活動規律。

（1）後天精，指的是男女交感性溢之精，它是人類繁衍的根本。

（2）後天氣，指的是人進飲食水穀之後，在體內運化所生之氣以及口鼻呼吸之氣。

（3）後天神，指的是人的思慮之神，即大腦的思維活動。

人的生命規律，是從無到有，再由有到無的過程。人在社會生活中無時無刻不在消耗自己的體能，並減弱護衛人生命的真陽真氣。如果不能很好地把握七情六慾，則會精盡、氣弱、神衰而命夭身亡，此稱之為順行。若要提高生命質量，則應逆而煉之，使精化氣，氣化神，神還虛，使身體由弱變強健而延年益壽。

古人在這方面，有很多有益的功法。如道家丘處機的「大丹直指功」的三成九法，又如佛家五祖弘忍夜傳六祖惠能之事，五祖空身遮圍袈裟所傳斷淫根之命功。雖然以文論述功法，但是具體的練習方法，都沒有或不能敘述，這是因為傳承有擇，方法多以口授秘示，它們的共同之處，就是都有兜外腎（男性）的動作，此為功法的特點和根本。

各有奧妙，龍虎添陽功也屬於秘傳之列。此「龍虎」

二字，有兩層含義。

其一：龍比喻心火，虎比喻腎水。人的性欲皆由此龍騰虎奔而為，凡修煉保住真陽腎氣者，要有降龍伏虎之法，使腎氣與心液上下往來相交於中宮。

其二：左手如虎，右手似龍。

「添陽」二字，添者增也，陽者壽也。

本功原為道傳，後流落民間，屬秘傳大法，有啟動真陽並使之運行而滋養健身之功，但是練習者不可以玩物引邪以及淫逸生事。功法中的有效控制性慾和穩腦思、定心氣的方法較為具體詳細，以心意象形之術鍛鍊身體，可使人延年益壽。閱者習者，應以此法提高品德修養，增進身心健康和強壯體質。

【練習方法】

身體鬆靜，低枕平躺，兩眼輕閉，兩腿分開，兩足跟稍向外展，使足尖向內。

靜息片刻，雙手先左後右兜摩滑拉睪丸，即手指合攏，掌心含空，中指置於會陰處，掌托兜睪丸並適力向上拉掌而生熱。每手做9次，兩手接續兜摩滑拉要自然，似乎不停，為的是保持熱量滲透。

隨後，左手握住陰囊，適當按握兩睪丸、精索和陰莖根部，這個動作可稍有疼痛感，要以能忍受為度，而且，又可

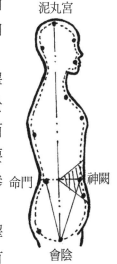

泥丸宮

命門　神闕

會陰

小周天循行圖

以不使陰莖勃起，為的是精氣不泄。一定要掌握好，這是一個很重要的手法。

右手自然頂腕，並顯有立起之狀，用拇指點按並適力壓入肚臍，其餘四指自然伸直，食指稍起緊貼中指，使中指得力，此掌形恰似龍爪。

然後，開始做右手掌的開合，並沿肚臍到陰莖根部的直線範圍，進行往返按摩。右手以蠕進手法，以中指指肚前推後拉，走線或長或短，力度適中，並兼有搓法。做時腕動掌移，要使摩擦生成的熱力透進丹田。應掌握手法的快慢，以保持熱量的積蓄並使之滲入。

右手運指速度，先由慢動開始，逐漸增快，以推拉往返為一次，每分鐘80～100次，總共要做800次，這樣才能有效果。但是，右手指腕及小臂會產生酸痛與不適，這時，只要堅持10多天，慢慢地自然適應，同時，也掌握了調整用力的方法。

練時要加意和左手配合，那麼就會有右手運動時，左手抓握鬆緊適當，提拉能牽動會陰部，擠壓睪丸就能用力適中，揉運精索和陰莖根也會有分寸。

根據雙手的動作特點，得出了下面縮句。

抓、提、擠、揉，如虎擒羊；
推、拉、按、搓，似龍舞爪。

練習者要仔細琢磨上面的這幾個字，然後再推敲一下動作之間的關係（真言多悟），正確理解「虎擒羊」和「龍舞爪」，用力之柔之透的意境。只有理解和掌握動作

的特點，再加上雙手配合恰當，才能夠啟動真陽。

首要功用為右手的拇指點按神闕（臍中），因為它可以引動真陽，加上其餘指力的巧用，就會使元陽元精在體內運行。

隨著功夫的提高，啟動真陽並使之運行的感覺，就是熱量的滲透，會有熱氣傳到腰部及兩腿，使足少陰腎經通暢，並可引動丹田、命門，真水從湧泉而上，自能滋養身體。

【要點】

手法太輕則作用不大，手重又會擦傷皮膚；但是，只要用力恰當，即便是微有擦傷，隨著時日的增加，所起的丘疹會結痂，又可漸漸脫落，從此（功夫磨煉）以後，就不會再傷及皮膚。

練功的環境，要求在被窩內，時間是睡前和清晨醒來。

注意調整手法，保持皮膚的乾燥滑爽，這是因為身、手有汗會發澀不易做，同時，又會擦傷皮膚。

選在冬季進行為好，即入冬之後的百日內。

練習三週後，一般男性會在夜間陰莖勃起，堅挺異常，這時，要力戒性交，保住真陽，不使之外泄為上。平時練時出現這

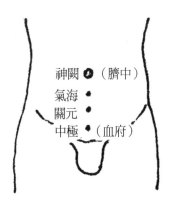

神闕 ◉（臍中）
氣海
關元
中極（血府）

任脈穴位（部分）圖

種現象時，要排除雜念，可以閉目內視會陰穴並放鬆之，過一會兒就自然正常。此法有解除性慾之功。久之則元陽充足，功成益壽。

練完之後，慢慢鬆手，並將雙手如兜似捧放在小腹兩側，拇指指尖抵臍中，腦想、眼視、耳聽真氣聚於下丹田，靜養一下，隨後收會陰，自然會有丹田與命門相吸之感，而使真氣行運小周天，任督兩脈感應內氣運行三圈後，將真氣存於下丹田。

之後，兩臂掌放鬆，收於身體兩側。

在練功中特別提到腦心思、眼內視、耳內聽，為的是聚精會神，亦會促使口內津液自然分泌，練者如能鼓漱並分數送咽，自有嘓嘓之聲過喉頭，並下行入腹而滋養身體。

前面的示意圖畫出了小周天循行及主要穴位，練功者宜細察圖上的點與點之間的連線，領悟其中的功夫內涵。

百日功後，凡練者都會感到身體精力旺盛、耳聰目明、中氣充足。為了保持健康的體魄，可根據個人情況繼續練習或階段練習。

這裏提醒一下，後續練功中如要行房事，應該在房事前停練一天，而在房事後也要有一天的養氣時間，然後再接著練習，但是要保證中間的練功時間不能太少，這要根據年齡段或身體健康情況來定。

這套功法也適合陽痿者，但一定要堅持不懈地練習，直至見效並痊癒。青壯年者練後，則更加健美聰慧、精力充沛，同時，性慾相對提高，但不可縱慾貪愛。年過半百

者應該保腎少泄，養練結合。

女性練習，身體仍平躺，左手掌外緣自左側乳根穴處向右側乳根穴處做來回揉摩，摩時左手掌指輕摩乳房，隨著右手推運小腹（臍中至血府）而做弧線摩動。此時，兩腿和兩足會自然靠近。

此法筆錄於此，有待女性試用或探索。

●旋揉丹田

身體鬆靜平躺，兩肘自然垂於床上，兩手輕放在兩胯前小腹外側，手心含空，手指合攏，然後，左手扣向肚臍，稍微靜息一下。

接著，開始運左掌，從肚臍左側向上、向右、再向下走圓弧，沿逆時針不停地旋揉。初起幾圈宜小，以勞宮穴發出的內氣去摩臍中。

隨後，漸漸沿逆時針螺旋開放，來按摩整個腹部，以腦、心默數，眼、耳內視、聽，共計81圈。

待左手運到胸口之下，似停非停之際，右手從右下起向胸口處接替左手，並送左手回小腹左側。接著，右手沿順時針方向漸漸螺旋收縮摩向臍中。仍然是以腦、心默數，眼、耳內視、聽，前後共計81圈。到餘下9圈時，左手向臍中伸進右手下，兩勞宮穴透對臍中，一起旋完最後9圈。

隨後，兩手彎指疊壓捧之，左手在下，拇指頭節曲，其指節側抵臍中，右手在上。腦、心存想真氣聚於丹田，

並以眼內視，耳內聽之，做到息息歸臍。

收之雖簡，但有利於臟腑之間的平衡，對於調整消化功能有很好的效果，特別是腸胃有病者，經常練習，病症可以得到改善或痊癒。

【女性練習方法】

雙手旋揉方向與上述男性旋揉方法相反，即左手起手扣向肚臍，先向下、向右、再向上走圓弧，以順時針漸漸螺旋展開，摩81圈。待左手摩到中極穴處時，右手隨之替接，並送左手回小腹左側，右手再沿逆時針旋揉，使之漸向臍中，也摩81圈。

如前，到餘下9圈時，左手隨動向上壓在右手之上，兩勞宮穴透對臍中，共同揉完最後9圈。

最後，兩手彎指疊壓捧之，右手在下，拇指頭節曲，其指節側抵臍中，左手在上。腦、心存想真氣聚於丹田，並以眼內視、耳內聽之，做到息息歸臍。

【要點】

按摩速度要適中，手法要細膩，力度勻透，補泄得

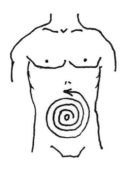
摩腹起手法（男）

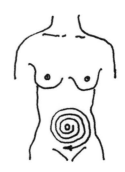
摩腹起手法（女）

當，掌握好旋、壓、推、擀諸手法。

下面兩圖分別畫出了男、女摩腹的起手法，旋後稍停，再按各自的反方向，收摩歸於丹田。古傳按摩手法一般都分男女，這裏仍按照原傳所繪，供練習者參考。

然而，人的腸循環是順時針的，之所以按順、逆時針按摩肚腹，為的是靜心收神以便更好地引起腸胃蠕動，將其內部淤積盡量排出，從而改善腸胃功能。

同時，有兩個螺旋方向的熱力生成並透進丹田，有利於養生，也有益於腹內臟腑的血液循環，自然會起到排出廢物、解毒生新的作用，從而改善了消化功能。

這裏需要說明一下，有些氣功的收功也用此手法，以達到靜息收神的目的。

●滾背搖弓

一整天的學習和工作，身體需要調整和休息，如果我們選在晚上來做「滾背搖弓」，那麼，對身體各部的舒展

滾背搖弓

和經絡的順通，會起到很好的效果。

【練習方法】

在床上平躺，雙腿屈膝，雙手交叉抱腿，頭向膝蓋，還要緩緩地吐出濁氣。這時的身體狀態是，圓身縮體，脊柱成弓，恰似縮體刺蝟之狀。將背弓著於床上，以舉腿向上之勢，闊展脊背之力，以滾背壓脊法將身體向上、向前搖起。

注意此時雙腳不要觸及床面，至極點又向後、向下收捲，頭於床似觸非觸之際，復又將身搖起。如此前後來回搖動，待頸酸力疲時自然而止。而後按照這種方法，往復做數次，然後全身放鬆，手腳平放，調勻呼吸。

滾背搖弓之式，身團似弓而搖動，它的上抹下壓能促進脊背發力。此功俗稱「小刺蝟」，能排除胸部濁氣，調整臟腑功能，又可按摩後背諸穴，同時，它使脊柱在一天的壓力下得以開活，起到了消除疲勞的作用。

這是一個很好的健身動作，在每天練功之後（下午或晚上）做一遍，對於養氣養力很有好處。

【要點】

動作要到位，保持在一定範圍內，式不可快，心不可急，注意呼吸與式的協調配合。

二仙傳道

二仙傳道

此功恆久練習，可令人至老齡仍腿足有力，行路輕捷，腰不彎，背不駝，神清氣爽。

一段

自家門框，框口66～80公分，身自然站立，雙足尖距門檻約12公分，兩手掌平伸扶於門框兩側，兩小臂及肘貼靠。

身向前探，凸胸腹成弓形，此時，兩肘尖高過肩頭8公分左右，頭自然上仰。靜定一會兒，以此式調勻呼吸三次，用來打通氣脈，注意兩足跟不可離地。

隨後，緩緩縮胸腹並拱背收身後拉，吸足一口氣。這時，兩手扶門框不動，小臂及肘離開門框側邊。

稍閉氣定神，再向前凸胸腹、弓身，並呼盡體內餘氣。

如此呼、吸，要勻緩、深沉，連做九次，身形悠然蕩動，身脊弓活，百脈暢通，胸張則肺門與膻中穴自開，後背闊展可激發膏肓、至陽等陽脈諸穴。

二段

接續，兩手扶門框側邊，自然站立。

踏蹬：獨立式，左腿起，大腿抬平，然後向前下方踏蹬，之後再將左大腿抬平，再踏蹬，如此18動，起足後連做，足不可著地。

後踹：接上式（*腿沒有落地*），左腿起，大腿抬平，這回做腿足向身後蹬踹，足不可觸地。然後收腿，起平大腿再向後蹬踹，做18次，最後左足落地。

接下來，右腿起再做踏蹬、後踹，要領同上，完成兩種動式各18次。最後右足落地。

凡踏蹬、後踹，前後起一腿足而做，兩動連做，起足

不可落地，完成之後再落地稍息。另一腿接續而做……

舔踢：左腿起，大腿抬平，左足跟向臀，足尖向下，然後，小腿向前彈踢，足掌有向前上、足趾張開的舔蹬之勢。之後，收小腿，接著再重複此動18次。要求是大腿抬平不動，只做小腿舔踢。

後踹：接前式（腿沒有落地）左腿起，大腿平，按前面後踹動作做來，完成18次。

接下來，換右腿起，繼續完成舔踢、後踹動作，各18次。

【要點】

大腿抬平是基礎，凡起足連做，腿足不落地，做滿數再換腿做。

初始練習可以從6次起，逐漸增加，必須規矩到位，次數只能增不能減。呼吸自然調整。

三段

如一段，可約減次數，以此收神、調息，放鬆身體，收式還原。

易筋經

道家真傳，此功鮮為人知。其術簡法精，只有三式，但透過鍛鍊，達到丹田呼吸與前後、左右、上下六個方向的全身抻拔，能起到凝神聚氣、啟動真息、健壯內臟、開筋煉膜與洗髓還虛的作用。

●注意事項

　　練功宜選空氣清新的環境，安定情緒，放鬆肢體。眼平視。調勻腹式呼吸。

●動作內容

1. 穿 雲

　　開步立如肩寬，兩手下垂。（圖穿雲1）

　　稍息，兩小臂並折曲，兩手掌到腹，中指抵神闕穴片刻。然後，掌動臂伸，兩手臂同時在身前成式，同肩高，手心含空朝下，十指向前，唯拇指下落並鬆展虎口。（圖穿雲2～3）

　　練者要有頂天立地之意，兩手臂伸展時，鼻緩緩吸

穿雲1　　　　　　穿雲2

穿雲3　　　　　　　　　穿雲3側面

氣，沉入腹中。

　　稍閉氣，寄意兩手掌指進入雲層中。隨之小腹慢慢收縮並緩緩呼氣出鼻，使丹田引向命門，牽動內氣沿脊上升，後背闊展生力，又順兩肩走兩臂，形成兩手掌穿雲前伸之動作。式後閉一下氣，然後身體逐漸放鬆，再聚神接二度吸、呼，共做18次。

　　穿雲式看似不動，但隨著每回吸、呼次數的增加，行氣得力，由後脊背遞及兩臂掌前伸的力度也逐漸增強。凡吸氣時，體鬆心怡，兩掌指到達「意點」後靜待不動。隨呼氣，傳導氣力使兩臂掌在原達點再向前伸展，有兩手臂節節向前之勢。如此行之，吸、呼定會順暢。這種微妙的運動方式，氣力自然貫通兩手臂，眼自然前視。

　　動作完成，收回兩手臂到腹（怎麼去怎麼回），稍靜，兩手臂放鬆垂落於身體兩側，此為本式之收。

　　本式氣力傳遞，脊背自然圓闊，由於心態放鬆，兩臂自然展筋，雖次次力度遞增，但兩掌無著力象，這樣，筋

脈自然通順而利於肌骨。

【要點】

手、足呼應，兩足心自然含空，足趾著力，足跟似起非起，真水上行，有養腎補心之功。

練者注意：不可聳肩拔背。

2. 推 山

兩掌起，近胸相抱，再轉掌向前，繼之兩臂掌向身兩側送推，臂彎掌心含空。眼自然前視。（圖推山1～4）

微停，鼻緩緩吸氣入腹，沉於丹田。

稍閉氣，再緩緩呼氣，小腹也慢慢收縮，這時，丹田自然引向命門。同時著意雙掌向外推撐，行氣傳力到

推山1

推山2　　　推山3　　　　推山4

兩掌。此時，應閉一下氣，雙掌含空，掌根自然著力，保持兩臂於身體兩側的自然彎曲，不可伸直。此為一吸一呼。

兩掌推撐到達「意點」，之後要形靜體鬆（式靜待不動），再吸氣入腹，隨多次吸、呼傳導氣力向外延伸「原點」。如此推撐接連行之，力度次次遞增。

做功之時，兩掌心勞宮穴亦有「吸」「呼」之感，兩足掌趾亦有鬆展與抓收，整個動作要協調合拍。

此式能開胸順氣，提神強心，利水添精（津），有強健體魄之功。

如此連做18次，雖然看式不動，但隨著每回吸、呼次數的增加，行氣得力地著意推山，有愈撐愈遠之感。並非臂掌崩力挺勁，所生勁道來自自然。

動作完成，收回兩手臂（怎麼出，怎麼收）——小臂折曲，垂肘，轉掌自然貼胸。稍靜，兩手臂放鬆垂落於身體兩側。

3. 托 天

托天1

起兩臂掌向上慢慢推起，掌心向天，掌指向後，全身放鬆。（圖托天1～3）

練習仍採用均勻緩慢的腹式呼吸，即由鼻緩緩吸氣入腹沉丹田，之後稍閉氣，當慢慢呼氣時，收縮下腹，丹田引向命門。此時，頭上頂，雙掌引臂向上托天（天盤引升），著意引長身軀，頭

托天2　　　　　　　托天3　　　　　　　托天3側面

微揚，兩眼自然上視，雙掌著意觸天。

仿效前式的做功要領，接連行之，使托天的力度次次遞增。

但須重視的是以下幾點：

在兩掌推撐托天時，兩眼要自然上視，在到達「意點」稍息時，兩眼應平視，後面的推撐延伸「原點」，也應如此，反覆做來。

行功中之吸、呼與兩掌勞宮穴之「吸」「呼」要自然合拍。

托天推撐時，兩腿會自然挺直，而有收膝展膕之形，手、足亦會自然著力，在靜息體鬆時，身形雖似未動，但手臂與腿足已然放鬆。

本式共做18次，次次加意兩掌推擎，引長身軀，天盤升，雙掌有觸抵九天之感。雖然看式不動，但已托擎得滿掌指氣力充足，所謂引長身軀為的是鬆活脊椎各節，要加

意做來。此為洗髓之功，千萬不可開肩直臂，拙引傷氣。

這個動作有舒順肝脾、清理腸胃之功。

做完18次後，靜心鬆體，緩緩落下兩臂掌，垂肘收掌（勞宮穴含氣引收）到胸前時再落下小臂，兩掌收於身體兩側。

此時可以神聚小腹，培養輕緩細慢的丹田呼吸。片刻後收功還於自然。

凡身健能行者，無論老少都可鍛鍊。每式練習的次數，初時增減隨人，但隨著行功時日的增加，練習每式的次數應為9的倍數。

以上為單式練習，連續練習要三式自然連接，中間的落臂可不做，起式、收式前後協調做來。

●特 點

（1）勁道含蓄，鬆、緊力度沉穩，陰陽得法。

（2）呼吸舒順，長久練習會忘掉呼吸，而「丹田呼吸」亦可自然生成。

（3）不但能提高內臟器官的能力，還可提高肌肉、筋腱、血管、神經等組織的功能。又能定骨架、長身高（尤其是青少年長身體之時），所以說能開筋煉膜，走脊貫頂，且有洗髓還虛之功。

（4）以現代科學觀之，本功組式巧妙，成三維空間之狀態：x軸——前後（穿雲）、y軸——左右（推山）、z軸——上下（托天），整套動作變化自然、銜接得體。

書寫不敏處，須傳師身教口授或熟讀這套功法。只要寄意做功，定能形起神聚，由悠勻細慢之「呼吸法」來指導，一定時日後，即能體驗此項運動的微妙。

太極圈功

太極圈功前四式

1. 護丹初起

面向南方，開足如肩寬站立，兩腿屈膝，兩手交疊捧丹（小腹），右手在外，兩手虎口交叉，右手拇指頭節抵壓神闕穴（肚臍），左手拇指順直輕壓右手合谷穴。兩臂圈在身前，兩肘外射，肩放鬆。眼平視。呼吸自然調勻。（圖護丹初起1～2）

護丹初起1　　　　　護丹初起2

【要點及作用】

兩手勞宮穴透對丹田，以陽養陰，熱氣撫丹，靜養之。

此為初亦為樁，然太極圈功由此而起，切記。

無極而太極，開足之動隱現不述，學者謹記。

2. 仙人飛渡

兩腿站立步不變，腿自然伸直，兩手臂垂落於身體兩側，以意帶形，直起右臂，以右肩為軸轉臂，向身前左前方起弧，朝上行掌，五指自然分開，著意前伸引臂。在掌指前伸上空時，尤以右手食指、中指引力行氣向天，掌心先內後外旋弧，朝身後正北方落下。臂掌升空後，右手勞宮穴內含，五指自然分開，升空有分雲見日之意，氣力貫掌指。（圖仙人飛渡1～4，仙人飛渡4背面）

搖臂旋掌動作勻速做來，並自然轉動身體，保持兩腿原地不動，待手臂落下歸於身側時，成正身向南。

仙人飛渡1　　　　　仙人飛渡2　　　　　仙人飛渡3

仙人飛渡4　　　　　　仙人飛渡4背面

接著，復做二度、三度。再接著做左臂掌直起直落三度。要領一致，不再複述。

【要點及作用】

直臂拉伸不可彎曲，揉肩而轉，加意手臂伸長，手臂筋骨牽帶胸肋筋脈，活轉身脊腰胯，氣蓄丹田，氣機通暢、力道隱含。眼神隨手臂搖轉。

3. 流星趕月

腳步不動，右手臂直伸並轉動，使掌心朝外探向北方，此時，右轉腰身開右肩捌右臂，由身後向身前、下向上升，反臂行掌，到身前時再轉手臂並自然落下，停收在身體右側，此時，腰身已然回轉如初。（圖流星趕月1～3）

接做二度、三度。

再按前法行左臂掌三度，要領一致，不再複述。

流星趕月1　　　　　流星趕月2　　　　　流星趕月3

【要點及作用】

捌肩緊背，前有開胸順氣，後可通夾脊、膏肓，要以肩送臂，後背展，並著意落臂，縮肩沉肘，含胸快降。眼神追之。鼻孔噴氣，丹田吸。手臂歸位而神定。

前兩式都是直臂搖轉，除起、落方向相反外，兩著勁勢及落速快慢不一樣。

4. 白鶴展翅

腳步不動，正身朝前，兩臂圈起似頭高，手心勞宮穴相對吸，掌指自然分開成捧抱狀，各指相對，虎口圓。（圖白鶴展翅1、2）

然後，開胸展臂，手臂分兩側翔落，稍低兩肩，三節向身後活擺，開肩暢胸緊背脊，兩臂向身後伸展，兩手腕內側隨動吐力凸出，兩掌盡量往身後，掌心含空。同時，上身似有彈勁前迎，意不斷、式不停，兩臂三節再前揉圈

白鶴展翅1　　　　　白鶴展翅2　　　　　　白鶴展翅3

抱，兩臂掌如鶴翅扇翔。（圖白鶴展翅3）如此開合臂膀手腕三次。然後，手臂鬆落於身體兩側。

稍息，再按前法複操二度、三度，最後，身正如初。

【要點及作用】

開始起手臂圈要高架，後面兩臂翔落、展伸、彈抱之圈，高度在身胸間，並著意身前、身後兩臂掌圈圓。

臂掌彈韌勁力含蓄，加意兩掌指之彈放攏收，做好兩肩頭及手臂適時、適度放鬆，使內力生、內氣行，眼平視，神情怡然。做振膀扇翅時，上身自然有反向傾仰之配合，以利於身體平衡。

5. 夕霞映天

站立同前，然後，蹲身兩臂在下十字交叉，兩小臂貼扶，接著，起身舉臂過頭頂，翻托兩掌向天，兩臂掌分開掌心向外，由空中緩緩落下，及至兩臂掌近身下時復又蹲身，

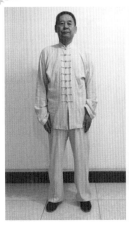

夕霞映天1　　　　夕霞映天2　　　　夕霞映天3

夕霞映天4

繼續做交臂、起臂、翻落之動。前後三度。（圖夕霞映天1～4）

【要點及作用】

蹲身按年齡承受能力，可全蹲、半蹲、微蹲，蹲下時，身體要放鬆，起身宜緩，翻臂開胸，臂掌向上托舉要拉展身體，兩掌心含抱。眼神相隨。

6. 九龍旋柱

站立同前，兩掌在小腹前似捧腹狀，兩腿微彎，然後，兩臂同時內旋使兩掌背相對，但不接觸，自然留空。（圖九龍旋柱1～3）

隨後，兩臂掌向兩腿間地下插去，與此同時，身體也相隨向下成蹲馬式。（圖九龍旋柱4）

九龍旋柱1

九龍旋柱2

九龍旋柱3

九龍旋柱4

九龍旋柱5

九龍旋柱6

　　略停，兩臂掌在兩腿外圍畫動，再分開到身外，並自然向後，與此同時，身體逐漸直立，到位時，兩臂掌在身後，直臂，兩掌心相對，兩掌虛合不接觸（圖九龍旋柱5～8）。圖九龍旋柱7為後視。

　　此為一次，再接做時，兩臂掌自然放鬆，使兩掌如前在小腹前似捧腹狀，下面動作及要領同前。前後做三次，

九龍旋柱 7

九龍旋柱 8

九龍旋柱 9

九龍旋柱 10

九龍旋柱 11

九龍旋柱 12

凡停收均呈兩掌在小腹前似捧腹狀。

　　略停，兩臂掌在身前向上，運掌折臂掌心向內經腹過胸，隨後掌立指朝上，兩掌心對耳上行，成舉臂分掌式。此時，眼神自然隨形。接著，兩臂掌在頭上空分開，並直臂搖轉，右順左逆空中旋圈，前後做三次，兩臂伸直先在

九龍旋柱13　　　　　九龍旋柱14　　　　　九龍旋柱15

頭前旋轉三圈，再在頭頂旋轉三圈，最後，在頭頂偏後方旋轉三圈。（圖九龍旋柱9～14）

　　然後，兩臂掌左右分開自然下落捧抱小腹而收。兩組小動為一套，可重複兩次或三次。（圖九龍旋柱15）

　　【要點及作用】

　　蹲身垂臂要兩肩先放鬆，兩掌圈旋運及勞宮穴內氣，兩掌前後以勞宮穴相對虛合，不觸為要。畫擺均要直臂做來，自然著力，起身隨式自然。

　　身體放鬆，調整各部，眼神自然隨式，做後氣順神清。

7. 三盤淨心

　　站立同前，兩臂側平舉，同時向後、往下、再向前回環，共做3次。然後，鬆肩落臂，兩腿屈膝半蹲，兩掌心向地左逆右順畫圈3次。之後兩掌捧小腹，稍停。兩臂掌同時內旋，虎口貼腹，與此同時，兩腿夾靠，兩膝相抵。

三盤靜心1

三盤靜心2

三盤靜心3

三盤靜心4

接著，兩臂鬆垂，兩掌順兩腿中縫下插近膝。上身弓背微前俯，身心放鬆眼下視，靜停。（圖三盤靜心1～7）

【要點及作用】

凡兩臂掌旋動肩一定要放鬆，畫圈要圓、要緩慢，兩向圈圓自然銜接，兩掌從捧腹到鬆垂要自然得體。靜停調

三盤靜心5　　　　　三盤靜心6　　　　　三盤靜心7

息3遍。最後，起身鬆兩臂，掌收於身體兩側。

8. 頤神合收

身體放鬆，兩手相交如護丹初起，稍停。著意旋動兩膝，微微順時針旋動，身體緩緩下蹲，稍停。兩膝微微逆時針旋動，身體緩緩起身直立，此時，兩掌分開，自然鬆落，收於兩腿外側，兩眼平視。（圖頤神合收1～4）

【要點及作用】

旋膝動作微、緩，柔韌含蓄，上下均做3旋圈，神清氣爽，陰陽和合而收。

頤神合收1

頤神合收2　　　　　頤神合收3　　　　　頤神合收4

六段錦

坐式六段錦

　　六段錦適於中、老年人及工作緊張與常坐辦公室的人，練習者坐在標準木椅子上。

標準木椅

歌訣

仰身探空驚膏肓，分腳划蹭湧泉漾，
張目聳肩通天梯，不倒翁功海底晃。
龜鶴雙演行陰陽，開胸摩肋中腹暢，
身心純真日三勤，神安體健技宏光。

1. 仰身探空

直脊鬆身，上身距椅背留有一拳空間。（圖仰身探空1，仰身探空1側面）

兩手向上自然伸展，掌心空含斜朝上，頭微後仰，面自然朝上，開胸順氣，兩眼隨視，自然吸氣，隨後，身脊抵靠椅背上緣向後靠，並自然呼氣。

接著，兩眼瞄視兩掌，兩掌在上盡量正反撐晃做左右搖旋3～5次。（圖仰身探空2～4）

仰身探空1　　　　仰身探空1側面　　　　仰身探空2

仰身探空3 　　　　仰身探空4 　　　　仰身探空5正面

仰身探空5側面 　　仰身探空6正面 　　仰身探空6側面

　　兩掌停旋，接做上體靠椅背後震前彈，兩臂掌務必放
鬆，自然盪擺不可助力，椅背所觸脊背之位，相當於足太
陽經膏肓穴附近。一吸一呼自然做來，正身舉臂為吸氣，
身脊向後抵靠椅背為呼氣，可由口吐出，而震後回彈即正
身時又吸氣。切記，後背對椅背的抵靠與回彈要似離非
離！（圖仰身探空5～6）

身體輕鬆，手腕一定要柔活，看圖形似乎是兩臂擺動，其實是胸腹舒展與腰脊弓搖所為。兩臂上舉可使手三陰、手三陽經脈暢通、精神提起，身前、身後陰陽經脈暢通，所謂陽化氣，陰成形也。椅背觸脊陽氣升，提高人體活力，且有預防疾病的作用。身前展開，身之五臟六腑得以活動，梳理三焦。行功以9計數，連做兩回，做完，手放下，頭面正視如常。凡不敘述者自然做來，熟能生巧。

手三陰經脈：手太陰肺經、手少陰心經、手厥陰心包經。

手三陽經脈：手陽明大腸經、手太陽小腸經、手少陽三焦經。

膏肓穴：人背部第四、五胸椎間旁開3寸處，屬足太陽膀胱經。與督脈一樣主一身陽氣，醫家多在背部施行摩背、刮痧、捏脊、拔罐等保健養生之術。

「病入膏肓」這個成語出自《左傳》，古以膏為心尖脂肪，肓為心臟與膈膜之間，膏肓之間是藥力不到之處。

2. 分腳畫蹬

直脊鬆身，上身近椅背，但不靠椅，自然平坐，兩臂掌自然放在大腿面上，不念及呼吸。

然後，兩腳先左後右，在座椅下面以腳掌滑動，自然著力，有腳掌後蹬之勢。足心含空，足跟上起，前腳掌著地，足趾抵壓，特別是兩膝鬆活，小腿腿肚會觸碰座椅橫掌，起到適當按摩膀胱經承山穴的作用，壓按它可祛除人體濕寒，且利腎引水，促進血脈循環利心肺。

分腳畫蹭1　　　　分腳畫蹭2

隨後，後滑腳自然向前擦地蹭出，並帶小腿前伸，同時，另一隻腳自然而然地做上述後蹭與前蹭的動作。（圖分腳畫蹭1～2）

兩腳輕快交替移滑，心情愉悅，動幅宜展，頻率2次／秒（左右腳各1次）。剛開始以9計數，左右腳連續做完，最後，兩腿恢復常態，靜心而收。

慢慢適應了，要左右腳畫收與擦蹭連續做足108次，練者默數。雖然為兩腳活動，但是頭腦也相應得到了鍛鍊，可有效地調整人的平衡與協調能力。同時，身心素質和體質也會提高。此動有「水路通」「氣路通」「血路通」之實效。

3. 張目聳肩

坐勢同前，兩手鬆垂於身側，靜息一會兒，著意將兩肩上聳，自然帶起鬆垂之兩臂，有夾頸部之勢，非為縮頂藏頭。隨後，鬆肩摺膀，此動自由垂落，同時張目。跟著，又起肩上聳。往復做9的倍數次。（圖張目聳肩1～3）

然後，兩手輕放在大腿上，做兩肩向前揉，假設身前有一點，與兩肩成三角形，兩肩頭均向前方之點聚集。以

張目聳肩1

張目聳肩2

張目聳肩3

9 的倍數計之。
（圖張目聳肩4）

　　稍停，做兩肩
向後揉，亦假設身
後有一點與兩肩成
三角形，兩肩頭均
向後方之點聚集。
以9的倍數計之。
（圖張目聳肩5）

張目聳肩4

張目聳肩5

　　這樣，自然鬆
活頸部周圍肌筋，大椎、肩井等穴開活，有利於周天經脈
通順，可以讓膽經的清陽之氣如泉水一般湧出來，然後將
瘀滯的氣血蕩滌開來，令全身的疏泄順暢平緩，頭腦清
醒。同時，拉動胸肋而提高肺臟的功能，有很好的預防感
冒的作用。而在做此動作時，張目似瞪，且有眼珠尋轉之

靈動，舌會自然配合兩眼，舌尖抵滑上牙齦及上齶處，口中津液自然分泌，潤澤身體。最後，鬆體自然而收。

4. 不倒翁功

直脊鬆身，不要靠椅，兩臂放鬆，兩手輕放大腿上，先逆時針後順時針，搖轉上身。以9計數，交替練習。臀部一側自然掀起，但不可離開座椅面，這樣，揉腸盪腹，不但活動了胸腹內臟腑，而且又按摩了腰脊髖胯，通氣、消食、安心、養神，諸利益身。（圖不倒翁功1～7）

順、逆時針轉搖共6×9=54次，做時不可搖頭晃腦，應精神放鬆，呼吸自然，靜心收身如常。以上動作隨時做來，次數合理調整，心情愉快。

不倒翁功1

不倒翁功2

不倒翁功3

不倒翁功4

不倒翁功5

不倒翁功6

不倒翁功7

所謂海底穴，應該指會陰穴後的精道穴，為道家九大修為秘穴之一，多稱此穴為「關玄」，又稱太玄、下玄關。「海底一穴通，周身百穴通。」

5. 龜鶴雙演

正身端坐，調勻呼吸。隨後，先吸足一口氣，再緩緩俯身吐出一口氣。接著，下頦向前行弧使之抬頭。（見圖龜鶴雙演1～2）

隨後起身正坐，兩眼視天，起身之同時，捲舌滑齶，形有挺胸與腰脊前弓、臀後坐翹尾之勢，有捲尾向腦後接觸之意，此過程納足清氣並靜定一會兒。

看圖龜鶴雙演3，先要向前頂頭開始，慢慢起身向上，頭亦向後頂，兩眼上視並帶圈捲舌頭，做此動作應該吸足一口氣。（圖龜鶴雙演4～5）

接下來鬆腰腹、鬆頸收下頦，然後，慢慢拱背縮身向

龜鶴雙演1

龜鶴雙演2

龜鶴雙演2側面

龜鶴雙演3

龜鶴雙演4

龜鶴雙演42側面

內捲尾收肛，體向前俯成闊背，後弓身脊，當下赤龍收，舌尖抵舌根並排出濁氣，兩臂放鬆，兩肘前扇，潔身靜息，兩眼視足。（圖龜鶴雙演6）

　　稍後，慢慢正身，自然鬆尾下垂恢復常態，後面再按前法連續做6遍。

龜鶴雙演5

龜鶴雙演5側面

龜鶴雙演6

如果要加功，不用俯身，只要正身捲尾與鬆尾，前、後弓脊適當，做數遍，再加意行運數遍，靜息收功。

6.開胸摩肋

鬆身，兩掌在下腹前收，中指相對，由下向上沿胸中線行運，使兩掌平扣在胸上部，兩手中指點壓膻中穴。（圖開胸摩肋1～3）

接著，兩掌向胸肋並以掌根壓抵足太陰脾經之大包穴，然後，順經摩肋，

開胸摩肋1

開胸摩肋2

開胸摩肋3

開胸摩肋4

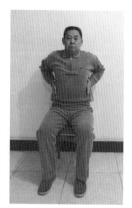

開胸摩肋5

開胸摩肋6

開胸摩肋7

開胸摩肋8

向下壓推，待推到軟肋處時，兩掌稍用力夾推腹部到神闕處，略停，兩掌中指相對壓腹，然後，放鬆兩臂掌，再重複以上要領做數遍。

做時呼吸隨式自然而為。（圖開胸摩肋4～8）

以上的動作要連續做6遍，然後，再接做下面的合掌動作。

接做兩掌推腹到神闕前，中指緊抵，向襠前下方速合掌抵腕，隨後內旋雙掌，使之由小腹前立起，再以大指掌骨貼腹胸中線上行到膻中處。（圖開胸摩肋9～12）

然後分開雙掌，滑到大包穴處，用掌根及魚際壓抵並向下壓推。

練法同前，做數遍。（圖開胸摩肋13～17）

開胸摩肋9

開胸摩肋10

開胸摩肋11

開胸摩肋12

開胸摩肋13

開胸摩肋14

開胸摩肋 15

開胸摩肋 16

開胸摩肋 17

開胸摩肋 18

最後，兩臂鬆，兩掌輕落在大腿面上。（圖開胸摩肋18）

六式練完，閉目養神片刻。細微之處慢慢體會，自有妙處。

一天上、下午安排練習，可做兩三遍。

還可加做兩手推摩頭面──「飛、擦、抹、滑、閉」諸法。

頭面按推六法

頭面按推六法

啄、飛、擦、抹、滑、閉

啄

兩手抓攏，指頭成梅花點，兩手同時對頭頂部啄點，不緊不慢，啄下稍有停壓，雖然看似點按頭頂，但是其指力已經透達腦九宮，此動有提神醒腦、明目的作用。

飛

兩手食指折曲成鉤（拳學稱為「麥穗拳」），起至眉骨處。左手食指中節先抵右眉內側，往左壓刮，滑過印堂穴，稍停，右手按前法從左眉內側刮過印堂穴，這時，兩手食指中節均停在眉骨內側，接著，兩手同時自然著力刮過眉骨到太陽穴處。再以食指後節與中節折曲之

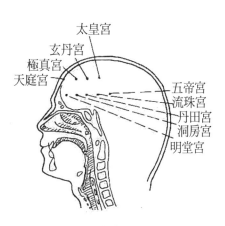

九宮圖

九宮之名位：兩眉間直上却入1寸為明堂宮，却入2寸為洞房宮，却入3寸為丹田宮，却入4寸為流珠宮，却入5寸為玉帝宮，明堂上1寸為天庭宮，洞房上1寸為極真宮，丹田上1寸為玄丹宮，流珠上1寸為太皇宮。（此圖解取自《袖珍針灸按摩氣功圖本》，湖南科學技術出版社）

頂點稍加用力壓抵太陽穴，隨後，捻轉此穴並向外上挑出。後面要重複前面的要領，連續做36次，兩食指拐角捻轉太陽穴，口可念「飛」字，可令頭腦清醒、去頭之風邪、開目增光。

記得當年師父教我練習此法，我很快就記住並熟練掌握了技巧。師父口喊「轉」字兩手出離太陽穴，陰掌變陽掌，即手掌翻動。我在旁邊練得與師父相同，只稍慢一拍，但是，口喊「飛」字。三次下來師父笑了，說：「你還真會玩兒！」並說，「喊『飛』也很好」。我說：「那兩個食指指節拐角壓捻太陽穴是轉出的，但是它飛升了，像是燕、雀一般撲向空中，自然舒暢啊！」師父說：「就叫它『飛』吧，有靈性啊！」

擦

兩手屈指，手心向上（拳學稱為「五雷掌」）如托開放蓮花一般，顯兩掌魚際。做時頭面向手指大魚際處接抵，先右後左，以左右轉頸搖頭的形式擦摩眼部下面，來滋潤顏面及眼下部位。此動明目潤顏，使人不生眼角皺紋，對有皺紋者亦可以舒展去除之。做36次。

抹

掌心對面部，手指立起如仙鶴展翅，主以中間三指行功，即食指、中指、無名指，手指貼面，無名指近鼻翼，隨後，兩手指向臉外雙分平抹並抹掃過耳，再壓抹耳背返回，有提神美顏之功，還可除耳鳴，使金（肺）、水

（腎）得以滋養。往復36次。

滑

兩手龍爪抓崑崙（頭），從前額處向腦後滑壓，然後，五指拉回到前額，再滑壓至後腦。到了腦後手指伸開，手心向下，以小指及掌骨外側觸抵後腦風池穴，接著滑過此處，手指曲收並推到耳後，再繼續下滑並適度著力，以手指背向頸部兩側適力壓滑，然後，雙手指離開頸部下緣，稍停，再重複做數遍後靜收。

閉

用兩手食指指尖插入耳道，封嚴不漏，拇指肚輕抵耳背下耳根凹處，自然合目不視、不聽，調勻呼吸2～3分鐘，手指拉出放下，有養腎養神的作用。

此六法配功或單獨行之均可，長久練習，身心自然康健而延年益壽。

後　記

　　以《道宗九宮八卦拳》為書名，此乃一凡舉，並不是筆者標新立異，而是當今云「八卦拳」「九宮拳」者甚多，又考慮所傳承者為道宗拳脈，是一家之學，故而弄拙。

　　本書較清晰地記錄和闡述了個人學技練功的方法，提供給大家參閱。

　　章節所列，有論有術，導申兼顧。內功拳者按規矩應先閱讀「學拳識易」篇，而練形之先定要開筋骨、通氣脈，樁功引路，進而單功操練。

　　書內有「種瓜點豆」一術，初見，以為是童子蒙學，但是，練熟之後可以體悟移轉中的旋躍之技，若是靈機一變，就是跳五宮之跳縱法──縱坑之旱地拔蔥也。

　　如是，「虛領擊空」之密，須練家思變出穿宮換卦的身心技法。

　　早年間，師教徒有身授、口授、心授、神授。尤其是單操，不會加功持法怎得功夫？所謂功夫者，乃力量、速度、技巧、回合也。

　　本學套路不多，且套路皆短，那麼學習的方法就很重要了，必先練樁功及單式操練，精熟後再連組成套。

　　記得當年學練「八卦綿掌」──小綿掌，半個多月已然熟記，師父讓我連打兩遍，他看後高興地說：「就這樣

練吧！」又過了一個月，師父又讓我連打兩遍，等第二遍剛打五、六式，他馬上就連喊：「停、停！」並說怎麼第二遍和第一遍都一樣哪！沒有自己的功夫上身！當時有點懵，後來師父講了陰陽生變的道理，我才明白，拳譜上有啊！「懂陰陽生成，得乾坤拳技。」

就是這十六式的小綿掌，變化太多了，它拳法非常豐富。當然，要舉一反三。其他套路如「九宮十八手」，也如此應用。

練者一定要循序漸進，不可圖快。依照圖書，有的單功可以根據個人的體性選擇學習，但是，大部分內容需要有師父指導，並且還要清楚九宮八卦拳學的內涵，逐漸掌握軸身、弓脊、盤纏、旋翻、搖抖、移踏、竄縱、挪閃等技法。

兩大拳勢，何為？乃青龍探爪、二龍盤飛也。拳者為形，勢者為謀，乾坤具備方為形勢大好。青龍探爪的溜掌起手，只有反覆操練九九之數，才能出技得法，所謂「氣、形、神一體」也。

本書有文有圖，學者可以參圖照練，但圖文仍有欠缺處，此是筆者有意留出一定空間，意在供大家研究習練。

器械練習首推刀技，然後操槍桿，再後精練劍道，這個過程習武之人都清楚。關於新法，乾坤棒技、空星刺譜等是近年推出的，它們均以老拳譜為基礎，拓展成養生健身技法。

我少年喜武，習家傳武功，又得「涿州劉」形意拳之傳授，旁摩楊祿禪太極拳，雖未正式拜師，但有我師（伯

父）精心指教，同時又研習多年。當年（20世紀50年代）我師與摔跤名家寶善林（寶三）有交往，我均呼二老為伯父，他們甚是喜歡。我見識了跤技，學了一手半手，並與武技融通。

我年七十有五，當投精力於武技養生，所以除把道宗傳承的功夫整理好外，同時系統地整理書寫了一些健身功法，如秘授臥功、太極圈功、六段錦等。

本人學識有限，且功夫粗淺，但仍盡心編輯而獻著當今，一是神慰先師，二是授徒帶學員，三是豐富武技，與同道一起健身，此乃老有所為一樂事也。

楊樹藩　於北京載凡堂

歡迎至本公司購買書籍

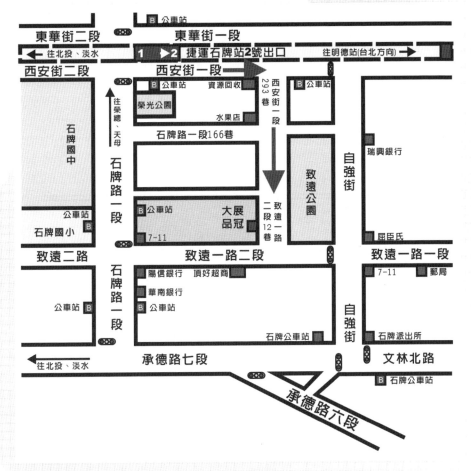

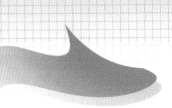

建議路線

1.搭乘捷運・公車

　　淡水線石牌站下車，由石牌捷運站２號出口出站(出站後靠右邊)，沿著捷運高架往台北方向走(往明德站方向)，其街名為西安街，約走100公尺(勿超過紅綠燈)，由西安街一段293巷進來(巷口有一公車站牌，站名為自強街口)，本公司位於致遠公園對面。搭公車者請於石牌站(石牌派出所)下車，走進自強街，遇致遠路口左轉，右手邊第一條巷子即為本社位置。

2.自行開車或騎車

　　由承德路接石牌路，看到陽信銀行右轉，此條即為致遠一路二段，在遇到自強街(紅綠燈)前的巷子(致遠公園)左轉，即可看到本公司招牌。

國家圖書館出版品預行編目資料

道宗九宮八卦拳／楊樹藩　著
　　　——初版，——臺北市，大展，2021〔民110.01〕
　　　　面；21公分 ——（中華傳統武術；30）
　　　ISBN 978－986－346－320－7（平裝）

1. 拳術　2. 中國

528.972　　　　　　　　　　　　　　　　109017686

【版權所有・翻印必究】

道宗九宮八卦拳

著　　者／楊樹藩

責任編輯／周　珊　呂　豔

發 行 人／蔡森明

出 版 者／大展出版社有限公司

社　　址／台北市北投區（石牌）致遠一路2段12巷1號

電　　話／（02）28236031・28236033・28233123

傳　　眞／（02）28272069

郵政劃撥／01669551

網　　址／www.dah-jaan.com.tw

E - mail ／ service@dah-jaan.com.tw

登 記 證／局版臺業字第2171號

承 印 者／傳興印刷有限公司

裝　　訂／佳昇興業有限公司

排 版 者／弘益電腦排版有限公司

授 權 者／北京科學技術出版社

初版1刷／2021年（民110）1月

定　價／400元

●本書若有破損、缺頁請寄回本社更換●

大展好書　好書大展
品嘗好書　冠群可期

大展好書　好書大展
品嘗好書　冠群可期

大展好書　好書大展
品嘗好書　冠群可期